武井彩佳 著
石田勇治 監修

シリーズ・ドイツ現代史 Ⅲ

戦後ドイツのユダヤ人

白水社

戦後ドイツのユダヤ人

目次

はじめに　9

第一章　解放　13
生存者たち　14
ユダヤ人として認識されないジレンマ　31

第二章　戦後ユダヤ人社会の形成　39
ゲマインデの結成　40
ユダヤ人DP　49
「殺人者の国」で　64
死者の財産は誰のものか　81

第三章　ドイツ社会のなかのユダヤ人　95
反ユダヤ主義と親ユダヤ主義のあいだ　96
アデナウアー体制とユダヤ人　104
補償　113
「詰めたスーツケースに座って」　121
第四章　岐路に立つユダヤ人社会　139
変容するユダヤ人社会　140
再燃する補償問題　156
ホロコースト世代の終わり　168
おわりに　179
あとがき　185

ブックガイド　11
年表　8
掲載図版出典一覧　7
索引　1

装丁　後藤葉子

戦後ドイツのユダヤ人

はじめに

ホロコースト後のドイツにユダヤ人が住んでいるという事実に驚く人がいるかもしれない。これまで悲劇については多くが語られたが、生き残ったユダヤ人たちの「その後」についてはほとんど語られてこなかったからだ。一九四五年春、ナチの強制収容所の扉が開かれたとき、骸骨のように窪んだ目で解放者を迎えた強制収容所の囚人たちがいた。われわれは彼らの戦後について知っているだろうか。

アウシュヴィッツ以前と以後の世界は同じではないとさえ言う人々がいる。積み上げられた死体の山は、人間の理性への信頼や、技術の発展による豊かな社会の実現といった夢をことごとく打ち砕いた。イスラエルの歴史家ダン・ディナーの言葉を借りれば、これは「文明の断絶」に他ならなかった。ホロコーストはわれわれの意識の中に巨大な岩のように立ちはだかり、「その後」についての探究を阻んできた。そして一九四八年、中東にユダヤ人国家が誕生した。

中東紛争の中で軍事大国として現われてくるイスラエルの陽に焼けた兵士たちは、絶滅収容所へと向かう貨車に詰め込まれる蒼ざめたユダヤ人とは同じではないように思われた。ホロコースト以前のヨーロッパに存在したユダヤ人社会は、永遠に失われてしまったかのようであった。

ドイツにおけるユダヤ人の歴史も、ナチズムの崩壊とともに終焉したとみなされた。テレージエンシュタット（現テレジン）のゲットーで解放された、ドイツ・ユダヤ人社会の精神的指導者であるラビ（ユダヤ教の律法学者）、レオ・ベックは言った。「ドイツに戻ることは不可能だ。溝はあまりにも深い」。

ドイツから移住して難を逃れたユダヤ人にとって、ドイツはもはや故郷ではなかった。多くの世界的知識人・経済人が輩出し、ドイツとユダヤの共生を体現するとされたドイツ・ユダヤ人社会は、その断絶を宣言されたのである。いかなるユダヤ人も「血に染まった土地」ドイツに足を踏み入れるべきではないと、ドイツはヒトラーがもくろんだように「ユダヤ人不在（ユーデンフライ）」の地になるのだと、考えられた。こうしてホロコースト後のドイツのユダヤ人について語ること自体が、無意味だとみなされるようになった。

しかし、ドイツは「ユダヤ人不在」の土地にはならなかった。二万人ほどであったが、迫害を生き残った者たちがユダヤ教徒のゲマインデ（信徒共同体、以下ユダヤ人ゲマインデと表記）を再建した。また海外に移住した者たちも一部、ドイツに帰ってきた。ユダヤ人がいなくなるどころか逆に、ドイツは一時的に東欧からアメリカやパレスチナへと渡ってゆくホロコースト生存者の通過点となり、ヨーロッパで最もユダヤ人が集中する場所となった。その後も西ドイツは、政治的・宗教的迫害を逃れてくるユダヤ人の避難場所として機能してきた。二〇〇五年初頭、ドイツのユダヤ人ゲマインデ登録者の数は一〇万を超えている。一九四五年、ナチ独裁が終わったとき、いかなる形であれ、ドイツでユダヤ人社会が復活すると信じた人がいたであろうか。ただ、このユダヤ人社会はヒトラー以前のドイツ・ユダヤ人社会の連続ではない。ドイツで家系図を何代もさかのぼれる正真正銘の「ドイツ・ユダヤ人」は現在、ほとんどいないのが現実だ。では、戦後ドイツに暮らすユダヤ人とは誰なのか。なぜ彼らは「ヒトラーの国」を選んだのか。

本書は、終戦から現在までの、ドイツにおけるユダヤ人の軌跡を追うものである。彼らはどのように戦後の第一歩を踏み出し、破壊された共同体を立て直したのだろうか。ホロコーストはドイツ人とユダヤ人の関係を根本から変えてしまったが、かつての迫害者であるドイツ人との和解は可能だったのだろうか。重い歴史を背負いながら、ユダヤ人は単なる犠牲者でも聖人でもなく、たくましく、時にはしたたかに生きてきた。この特殊なユダヤ人社会のあり方を考えることは、それを取り巻く戦後ドイツ社会を読み解く鍵になるだろう。

第一章　解放

ドイツ国民にとっての「敗戦」は、ユダヤ人にとってはまぎれもなく「解放」であった。ドイツ領内でこの瞬間を迎えることができたユダヤ人の数は、五万人から七万人と推定されている。その大半は国内の強制収容所に連れてこられた外国籍のユダヤ人であったが、なかにはドイツ生まれでドイツ語を話す「ドイツ・ユダヤ人」も一、二万人含まれていた。これが、ヒトラーが政権を掌握した年に約五〇万人を数えたドイツのユダヤ教徒の、わずかな生き残りであった。

彼らはどのように迫害を生き延びたのだろう。また、終戦時の混乱のなかで、生存者はどのような状況にあったのだろうか。この章では解放直後のユダヤ人の様子を見てみよう。

一　生存者たち

ナチ支配の終焉

一九四五年初頭、北東から進軍するソ連軍と南西から北上する連合軍にはさまれ、ドイツ軍支配地域はますます狭まっていた。ベウゼツ、トレブリンカ、ソビブルといった東部の絶滅収容所は一九四三年にはすでに閉鎖されており、一九四五年一月には親衛隊はアウシュヴィッツからも撤退していた。囚人たちは「死の行進」でベルゲン・ベルゼン、ブーヒェンヴァルト、フロッセンビュルクなど、ドイツ帝国内の収容所に連れてこられた。昼も夜も、水や食糧をほとんど与えられないまま、雪のなかを囚人服一枚で歩かされた。目的地など最初から設定されていないかのように、収容所から収容所へと行ったり来たりさせられることもあった。脱落者はその場で射殺された。アウシュヴィッツから連れ出された約六万六〇〇〇人の囚人のうち、一万五〇〇〇人が「死の行進」で死亡した。

ドイツの降伏は時間の問題であった。一九四五年四月四日、アメリカ軍はバイエルン地方のオールドルフで、軍の到着直前に射殺されたと見られる強制収容所の囚人の大量の死体を発見した。一週間後の四月一一日、アメリカ軍はブーヒェンヴァルトに到達した。またイギリス軍は四月一五日にハノーファー郊外の強制収容所、ベルゲン・ベルゼンを解放した。ベルゲン・ベルゼンでは解放当初、六万人の収容者がまだ生存していたが、その多くはすでに手遅れの状態にあった。毎日五〇〇人ほどが栄養失調やチフスなどの疫病の蔓延で死んでいった。解放後に二万八〇〇〇人が死亡したと記録されている。

悲惨なことに、このなかには食物を摂取したゆえに死亡した者が少なからず含まれていた。イギリス軍は収容所に無数の瀕死の人間がいる状況を想定しておらず、求められるまま缶詰などの常備食を与えてしまったのである。長期間の栄養失調で衰弱した人間は、まず水分を十分に補給してから、医学的な管理のもと徐々に普通の食事に慣らしてゆく必要があった。しかし飢えた囚人は軍が用意していた缶詰の肉や野菜を大量に詰め込み、これを消化することができなかったのである。軍がこの決定的な過ちに気がつくまで丸二日たち、消化しやすいビスケットや米などが届くまでにはさらに時間を要した。こうして何千人もが衰弱して食物を摂ることができないまま、もしくは摂り過ぎて、死んでいった。これはアメリカ軍に解放された収容所でも同じであった。兵士が思わず同情心から分け与えたチョコレート、これこそアメリカの自由の象徴でもあったが、これで命を落としたのである。

ドイツが無条件降伏を受け入れると、まだ煙のくすぶる町々で生き残ったユダヤ人が姿を現わしはじめた。彼らは誰に言われるでもなく、シナゴーグ（ユダヤ教会堂）やユダヤ教徒のコミュニティ・センターがあった場所に集まってきた。生存者たちの多くは、一三歳のバル・ミツヴァ（ユダヤ教徒の成人式）以来シナゴーグに足を踏み入れたこともなかったような、ヒトラーの登場で初めて自分がユダヤ人であると意識させられたような者たちであった。それでも宗教的な行為に対する渇きは強かったのであろう。自由にユダヤ教の礼拝を行なうことこそが、ナチズムからの解放を象徴していた。

一九四五年三月二二日、すでにアメリカ軍によって解放されていたケルンでは、ローン通りのシナゴーグで礼拝が行なわれた。これは記録に残る解放後最初の礼拝である。しかしドイツのシナゴーグの大半は、一九三八年一一月九日の「帝国水晶の夜」以来廃墟になっており、礼拝を執り行なうにも、文字どおり瓦礫をかき分けてする必要があった。各地で解放を祝う礼拝を司ったのは、主にアメリカ軍やイギリス軍とともにやってきた従軍ラビ（ユダヤ教の律法学者）であった。

第三帝国の首都ベルリンは、ソ連軍の攻撃で四月末に陥落した。五月一一日金曜日、東ベルリンに位置するユダヤ人墓地ヴァイセンゼーで、解放後初めてのシャバット（安息日）を祝う礼拝が行なわれた。ヴァイセンゼーは、ナチ時代を通して死者が埋葬された数少ないユダヤ人墓地である。この礼拝をラジオで呼びかけたのが、後に共産主義体制下の東ベルリンのラビとなり、「赤いラビ」と呼ばれたマルティン・リーゼンブルガーであった。彼はユダヤ教に改宗した「アーリア人」女性と結婚しており、墓地での埋葬業務を行なっていたゆえに強制収容所への移送をまぬがれたのである。リーゼンブルガーは、五八三巻ものトーラー(ユダヤ教の律法)の巻物を墓地に埋め、ナチの破壊と連合軍の爆撃から守った人物である。彼は礼拝の様子をこう記している。

一九四五年五月一一日の金曜日、初めて公に礼拝が行なわれた。(中略)地下生活から初めて陽の光のもとに出てきた者たちがやって来た。もう何年も偽名を使って細々と生きてきたので、自分の本当の名前もほとんど忘れてしまったような者たちであった。(中略)こうしていま何年も灰の中でくすぶってきた、しかしけっして燃え尽きはしなかったユダヤ教の炎が燃え上がった。ともし火が消えることはなかったのだ!

解放は追悼の始まりでもあった。死者を悼み、自分が生き残ったことの意味を問うことが、彼らに戦後の始まりを告げた。まず、さまざまな理由でユダヤ人墓地に埋葬できなかったユダヤ人の遺体を、きちんと埋葬し直す必要があった。ベルリンのイラン通りにあるユダヤ人病院は、第三帝国内のユダヤ人の施設がみな解体されるなかで、唯一最後まで存続した施設である。ここはユダヤ人患者が治療を受けた場所でもあるが、同時に強制収容所に移送されるユダヤ人が一時的に収容されたところでもあった。ベルリン陥落前のソ連軍の激しい攻撃で病院も一部破壊され、巻き添えになって死亡したユダヤ人は棺もないまま病院の庭に埋められていた。ドイツ降伏からその年の終わりまでにヴァイセンゼーでは一六四回埋葬が行なわれたとリーゼンブルガーは記しているが、解放を目前にしながらもその瞬間を迎えることができなかったユダヤ人の再埋葬も少なくなかった。また、ユダヤ教の教えにしたがい、破損して使えなくなったトーラーの巻物も死者と同じように墓地に埋葬された。

ユダヤ人墓地は長年の手入れ不足で荒れ果てていた。墓地でさえ「アーリア化」(ユダヤ人財産が「アーリア人」であるドイツ人の所有に移ること)され売却されることがあり、墓石が資材として転用され、敷地全体がならされて公園に作り替えられることもあった。倒された墓石を起こし、墓地を利用可能な状態に戻すことは、残された者の義務であった。

生存者は、シナゴーグやコミュニティ・センター、学校、老人ホームなど、かつてのユダヤ教徒の公共施設を「占拠」した。ほとんどがナチ時代に「アーリア化」されていたため、法的な所有権ははっきりしなかったが、形式を気にかけるような者は誰もいなかった。彼らはここに一時的なシェルターをつくり、炊き出しを行ない、帰る家のないユダヤ人に寝る場所を提供した。故郷を目指して街を通過してゆくユダヤ人が立ち寄る場所にもなった。消息の分からない肉親を探す者がそこを次々と訪れ、名前や連絡先を残すようになった。そのため生存者のリストを作る必要が出てきた。こうしてドイツ各地で、生き残ったユダヤ人の相互扶助組織が生まれていった。

生存者の三つのグループ

ドイツ・ユダヤ人の生存者は大きく三つのグループに分けられる。第一に、「アーリア人」のキリスト教徒と結婚していた、当時の言葉でいう「混合婚」のユダヤ人である。ドイツからユダヤ人を一掃するというナチのプロパガンダに反して、彼らは「合法的」に国内にとどまっていた人々であった。混合婚のユダヤ人はほかのユダヤ人に比べ優遇され、東部の絶滅収容所への移送対象からはずされていた。併合されたズデーテン地方やオーストリアを含めない旧第三帝国内では、一九四二年末の段階で一万六七六〇件の混合婚が数えられた。

混合婚には「優遇される混合婚」と「優遇されない混合婚」があり、一般に混合婚の夫婦間で生まれた子がキリスト教徒として育てられた場合は前者にあたった。その大半はドイツ人男性を夫にもつユダヤ人女性のケースであった。「優遇される混合婚」のユダヤ人はユダヤ人の記章である黄色い星をつける必要がなく、強制収容所送りになることはほぼなかった。これに対して「優遇されない混合婚」は、主に子がユダヤ教徒として育てられた場合である。多くがドイツ人の妻をもつユダヤ人男性であった。また子供がいない場合は、ドイツ人男性とユダヤ人女性の夫婦は優遇されたが、ユダヤ人男性とドイツ人女性の夫婦は優遇されなかった。「優遇されない混合婚」のユダヤ人は黄色い星の着用を義務付けられ、ユダヤ人ばかりを集めた住宅に住まわされた。

混合婚のユダヤ人を特別扱いする理由は、彼らが血縁関係によりドイツ社会と深く結びついていたからであった。それにはユダヤ人との婚姻関係から生まれた「混血者」の存在があった。一九三九年五月の国勢調査によると、第三帝国内の混血者の数は一一万人強であり、彼らは「アーリア人」でもユダヤ人でもない第三の人種とも言うべき集団を形成していた。ナチ指導部もこれを「アーリア人」の側にとり込むか、ユダヤ人の側に入れて排除対象にするかで方針が揺れ続けた。「アーリア人」の側にふり分ければ戦闘要員が拡大することを意味したし、実際に彼らは一九四二年まで兵役につくこともできたのである。

ナチ支配末期になると、「第一級混血者」(二人のユダヤ人祖父母を持つ者、いわゆる「二分の一ユダヤ人」)をユダヤ人側に、「第二級混血者」(一人のユダヤ人祖父母を持つ者、いわゆる「四分の一ユダヤ人」)を「アーリア人」側に入れる動きが優勢となるが、その処遇は最後まではっきりしなかった。混合婚のユダヤ人は「アーリア人」ドイツ人の夫であり妻であり、混血者の親であり、彼らを排除するには家族の抵抗が予想された。一九四三年にベルリンの工場で強制労働をさせられていたユダヤ人が一斉に逮捕され、まさに東部の強制収容所へ移送されようとしたとき、ユダヤ人男性のドイツ人妻たちが連日猛烈な抗議をしたため、数日後に釈放されるという事件も起きた。ナチズムが恐怖による支配であったからこそ、政府の足元で抗議行動が発生するのは好ましくなかった。

しかし、「アーリア人」と結婚しているからといって、ユダヤ人が命を保障されていたわけではない。ユダヤ人の配偶者はさまざまな不利益を被り、職を追われ、結婚を解消する直接的・間接的な圧力にさらされていた。夫婦仲が悪くなって離婚されたユダヤ人は、きまって東部のゲットーや絶滅収容所へ送られた。逆に、家族を迫害から守るためにあえて離婚を選択したユダヤ人もいた。だが、こうして保護を失ったユダヤ人の多くが帰らぬ人となった。つまり、混合婚のユダヤ人の運命は家族の献身と忠誠にかかっていた。配給がほとんどないユダヤ人に少ない食糧を分け与え、困難にともに立ち向かう決意がなければ、恐怖が支配する国にあっては、自己保身に走るのはあまりにも簡単であったからだ。

一九四四年、ついに混合婚のユダヤ人の移送が始まった。対象となったのは「優遇されない混合婚」のユダヤ人であった。彼らは主にテレージエンシュタットへ送られた。

混合婚のユダヤ人のほかにも、最後まで国内にとどまっていたユダヤ人の集団があった。これが生存者の第二のグループであるが、ゲシュタポ（秘密国家警察）による逮捕、強制収容所への移送を逃れるために、地下に潜伏した者たちであった。彼らは「地下生活者」「Uボート（潜水艦）」などと呼ばれた。協力者が提供する隠れ家を転々とし、文字どおり陽の当たらぬ地下室や、離れの物置などに身をひそめて暮らしていた。戦争中、成人男性は兵役に取られていたため、国内にいるのは脱走兵かユダヤ人かどちらかと言われた。そのため街では頻繁に警察に身分証明書の提示を求められた。

恐怖心から国の決定にそむくなど考えもしなかったユダヤ人が、命令されるまま金品・財産を差し出し、果てにはゲシュタポによる出頭命令を忠実に守ったため殺害されたのとは対照的に、地下に潜伏したユダヤ人たちは「法」を破ることで生き残った。縫い付けられた黄色い星を外し、証明書を偽造し、必要とあらば盗みもした。食糧や衣類はすべて闇で調達しなければならなかった。彼らの存在自体が「非合法」であった。

このような地下生活はベルリンなどの大都市においてのみ可能な選択肢であった。都市の無名性がその下地を作り、第三帝国末期には連合軍の爆撃により出生・死亡証明などの公文書が消失したため、東部領からの避難民であるなどと称して、身分証明書の発行を受けることができたのである。言うまでもなく、「アーリア人」の身分証明書は職を得て食糧配給を受ける前提であった。

つねに死の恐怖と隣り合わせの地下生活を生き抜くには、強靭な体力と精神力、そして協力者に支払う代償、つまりカネがなければできなかった。ユダヤ人をかくまう本人が密告者となることも少なくなく、時にはゲシュタポに内通したユダヤ人の通報で検挙され、命を落とすこともあった。たとえばベルリンでは「シュテラ」という名のユダヤ人女性が、ゲシュタポの手先としてユダヤ人狩りに加わっていた。身内の安全の保障と引きかえに情報提供者となったシュテラは、「アーリア人」と偽るユダヤ人を見抜くと言われ、ベルリンのユダヤ人から怖れられていた。

地下に潜伏したユダヤ人たちは、解放されたとき身分が証明できるように、黄色い星やユダヤ人であることが記された身分証明書を保管しつづけた。しかしソ連軍がベルリンを陥落させたとき、ソ連兵士はドイツ国内でユダヤ人が生き延びられたとは考えておらず、ユダヤ人だと言っても容易に信用してはもらえなかった。隠れ家から出てきたユダヤ人がソ連兵による略奪と凌辱の犠牲となることもたびたびあった。また、親衛隊員がユダヤ人と身分を偽って逃走した例が現にあったため、ユダヤ人がナチと間違われて射殺されそうになることさえもあった。そういったとき、「シェマ・イスラエル（聞け、イスラエル）」で始まるヘブライ語の祈禱を暗誦できたので、ユダヤ系のソ連兵士に助けられたというエピソードが多く残されている。第三帝国内で約一万二〇〇〇人から一万五〇〇〇人が地下に潜伏する道を選んだと言われる。このうち終戦を迎えることができたのは、三五〇〇人から四〇〇〇人だけであった。つまり、三人か四人に一人しか生き延びることができなかったのである。ベルリンでは約一四〇〇人が地下に潜伏して生き延びたと記録されている。

ここまで混合婚のユダヤ人、地下に潜伏したユダヤ人を見てきたが、生き残ったドイツ・ユダヤ人の第三のグループは、強制収容所や労働収容所で解放された者たちである。数は確定できないが、数千人とされる。「死の行進」で東部の絶滅収容所から国内の収容所へ連れてこられ、そこで解放された者はその一部であり、大半はテレージエンシュタットで解放された者たちであった。それは、このゲットーが世界的に著名なユダヤ人やドイツ人捕虜との交換要員などを集め、ユダヤ人への「人道的扱い」を宣伝する目的でカモフラージュされた「比較的まし」な場所であったからである。また解放された者の多くが戦争末期に送り込まれた混合婚のユダヤ人であったため、滞在期間が短い分、生き残るチャンスも大きくなったのだ。テレージエンシュタットは一九四五年五月に赤十字の管理下におかれ、その後すぐソ連軍により解放された。解放された囚人のなかには、ベルリンのラビ、レオ・ベックも含まれていた。

しかし、解放されたユダヤ人がすぐに故郷の土を踏めたわけではない。レオ・ベックのように世界的に名の知れた人物は、解放後すぐに迎えが来た。ベックは七月にはすでにロンドンで暮らしていた。しかし多くの者は、解放後も同じ場所か周辺の病院や兵舎などに収容されたままになっていた。肉体的に衰弱しており療養が必要だったのも事実だが、現実には鉄道網が麻痺していて交通手段がなく、そのうえ金もないので戻りたくとも戻れなかったのである。それでも体力の残っている者は、自力で徒歩で故郷への第一歩を踏み出した。ヨーロッパ中を兵士や民間人が西へ東へ移動するなかに、時にはまだ囚人服を着たまま故郷を目ざすユダヤ人の姿があった。

だが、収容所周辺で足止めされたドイツ・ユダヤ人にとって本当の問題は、解放された「ドイツ市民」を連れ戻すべき政府がないことであった。フランス、オランダなど他の西ヨーロッパ諸国出身のユダヤ人は、自国の政府が組織した移送ですぐに帰国の途についていた。国旗を掲げた車両が出発し、収容所は徐々に空になっていったが、ドイツ・ユダヤ人を迎えに来る車はなかった。戦争が終わればすぐに海外からユダヤ人同胞が助けに来るだろうと信じられていたが、その姿もなかった。こうしたなか救援を待つユダヤ人に移送トラックを手配したのは、ほかでもない、ドイツ国内で生き延びた混合婚のユダヤ人や、地下に潜伏した者たちであった。このほか、終戦後再びケルン市長となったコンラート・アデナウアーが、ケルン出身のユダヤ人をテレージエンシュタットから連れ戻す移送を数回にわたり組織しているが、これはドイツの自治体による数少ない援助の例であった。強制収容所で解放された者がようやく故郷に戻ってきたときには、すでに一九四五年の夏になっていた。

一九三三年六月の国勢調査によると、ドイツのユダヤ教徒の数は約五〇万人であった。ナチの人種概念で「ユダヤ人」とされた者を含めると、その数は五六万人ほどになった。一九四一年一〇月にユダヤ人の国外移住が禁止されるまでに、三〇万人以上が出国し難を逃れた。移住が禁止された後も、近隣諸国へ逃げてその後アメリカなどへ到達することができた者が一万人弱いた。移住禁止と同時に国内からのドイツ・ユダヤ人の移送が始まった。東部の絶滅収容所に送られたり、国内で殺害されたユダヤ人の数は一四万人から一六万人とされる。終戦時におけるドイツ・ユダヤ人生存者数の正確な記録はない。推定で二万人前後だったとされる。

生存者の四分の三近くが、混合婚のユダヤ人であった。残りを地下に潜伏した者と強制収容所の生還者が占めていた。一九四七年の時点で国内のドイツ・ユダヤ人の平均年齢は五五歳であったという。高い平均年齢の理由はほかでもない、生存者の大半が混合婚のユダヤ人であったからである。ナチの人種法である「ニュルンベルク法」によりユダヤ人と「アーリア人」の結婚が禁止されたのは一九三五年であり、婚姻関係によって収容所送りをまぬがれたのは、この時点ですでに結婚していた者に限られる。当時まだ結婚年齢に達していなかった青少年層は、必然的にこの集団には含まれない。またヒトラーの政権掌握後、養うべき家族もなく社会的地位をまだ確立していない若者たちは真っ先に移住していったから、迫害が進んでもなおドイツ国内にとどまっているのは、家族があり簡単に処分できない財産がある中高年層か、移住資金が捻出できない経済的弱者であった。当然のことながら、東部への移送が始まると、子供はほとんど助かる見込みはなかった。

生存者の半数近く、七〇〇〇人以上はベルリンに集まっていた。これは小さな村や町に居づらくなったユダヤ人が自主的に都市部へ流入し、また強制労働のために連れてこられた結果である。現に、大都市のほうが生き残るチャンスも多かった。七〇〇〇人強のベルリンのユダヤ人のうち、約一五〇〇人が強制収容所からの生還者であり、約一二五〇人が地下に潜伏した者、約二二五〇人が「優遇される混合婚」、約二〇〇〇人が「優遇されない混合婚」にあった者だとされる。一九四六年初頭の調査では、ベルリンのユダヤ人で一五歳以下の者が全体の五・四パーセント、これに対し五〇歳以上は四八・一パーセントを占めるという、実にアンバランスな分布を示していた。

生き続けるための闘い

ナチ時代は毎日が生き残るための闘いであったが、戦争が終わると、今度は生き続ける闘いへと変わった。ユダヤ人の健康状態は極めて悪かった。長い間、適切な医療行為が受けられなかったのに加えて、一九三九年より国内のユダヤ人を段階的に飢餓状態へ追い詰める政策がとられ、ユダヤ人への配給は徐々に削減されたからだ。たとえば一九四二年には肉類、乳製品の配給が禁じられた。強制労働で重度の肉体労働を強いられる一方で、タンパク源はほとんど手に入らなかった。混合婚のユダヤ人の場合、ドイツ人家族の配給で食いつなぐことができたが、地下に潜伏中の者は闇で食糧を調達するしかなかった。生存者はみな半病人であった。占領が開始されると、連合軍はドイツ人市民の一日の摂取カロリーを一五五〇キロカロリーに設定した。これは誰にとってもまったく不十分であったが、それでもドイツ人には肉や野菜を分けてくれる田舎の親戚がいた。しかしもともと都市生活者であったユダヤ人には、そのような知り合いはいなかった。

すべてが欠乏していた。これは徹底したユダヤ人財産の搾取・没収の結果であった。羊毛や毛皮の防寒服は東部戦線の兵士のために徴収され、ユダヤ人には衣類の配給もなかったので、まともな服や靴を身につけていない者がたくさんいた。帰る家もない者がいた。ユダヤ人が所有していた不動産は「アーリア化」され、後には没収された。彼らが家を追われてユダヤ人専用の住居に移されたとき、そこには連合軍の爆撃で焼け出された民間人や、東部地域からの避難民が入居した。戦争が終わって自分の家がまだそこに建っていても、合法的な入居者がいる場合は強制的に立ち退かせることはできなかった。不当に奪われた財産の返還が法律で定められるのは、まだ二年以上も先のことである。占領軍はユダヤ人のためにナチ党員の住居を接収することもあったが、連合軍の爆撃でドイツの住宅のおよそ四分の一が全壊、もしくは建て直しを必要とする損傷を受けたというから、終戦直後の住居不足はきわめて深刻であった。逆に、連合軍が軍の利用のため市民の住居を接収したとき、その中にユダヤ人の家が含まれていることさえあった。

ユダヤ人は解放されたとき、ほとんど何も持ち合わせてはいなかった。強制収容所に移送されたとき、わずかに残されていた財産は国により没収されたし、国内に残った者も食糧などを得るため金品の類を手放していた。戦後のドイツ経済はバーター経済であり、希少な食糧や燃料はほとんど価値のなくなったライヒスマルクでは手に入らなかった。したがって物々交換できる、もしくは闇市で売れる物が必要だったが、ユダヤ人にはそれもなかったのである。こうしたユダヤ人の窮状に、地方自治体が生活補助として金銭を支給し、特別な食糧配給を行ない、住居や就労の面で優遇することもあった。しかしこれらは一時的なもので、ユダヤ人の状況の抜本的な改善にはつながらなかった。

戦後の混乱を生き抜くための闘いが日々続くなか、生存者は海外の同胞、特にアメリカのユダヤ人からの援助を待ちわびていた。ユダヤ世界には伝統的に助け合いの精神がある。ホロコーストの直接的な影響を受けなかったユダヤ人が、ヨーロッパの同胞に手をさし伸ばすのは当然のことと思われた。

一九一四年に裕福なドイツ系アメリカ・ユダヤ人により設立され、第一次世界大戦後はポーランドやウクライナのポグロム（ユダヤ人虐殺）の犠牲者を助け、ヒトラー台頭後はドイツ勢力下に入ったユダヤ人共同体に援助物資を送り続けた「アメリカ・ユダヤ人合同配分委員会(American Jewish Joint Distribution Committee)」は、ユダヤ人から「ジョイント」という名で親しまれており、ユダヤ人救援団体の代名詞でもあった。豊富な資金を持つジョイントなら、終戦と同時にドイツに駆けつけてくれるだろうと生存者たちは考えていた。

ところが一か月たっても、二か月たっても海外から誰も助けに来なかった。生存者は同胞にさえ見捨てられたと憤慨していたが、実は救援組織の到着を遅らせていたのは占領軍のほうであった。ジョイントはアメリカ軍にドイツでの活動許可を申請していたが、軍政統治を開始したばかりの軍は、民間団体の入国を簡単には承認しなかったのである。ついに入国許可がおり、ジョイントが各地で本格的な活動を始めるのは夏を過ぎてからであった。ジョイントはアメリカのユダヤ人からの寄付金で購入した食糧、衣類、医療品などを持ってきた。缶詰、マーガリン、粉ミルク、コーヒーなどの救援物資が配られ、これが不十分な配給を補った。

ジョイントのほかにも、イギリスやパレスチナからユダヤ人団体がドイツに到着した。イギリスの「ユダヤ人救援部隊（Jewish Relief Unit）」は、六月末に北部のイギリス軍占領地区に入り救援活動を展開した。ユダヤ人救援部隊はジョイントのような専門的なソーシャルワーカーの集団ではなく、移住したドイツ出身のユダヤ人を中心としたボランティアの集まりであった。また、パレスチナからは「ユダヤ機関（Jewish Agency for Palestine）」がユダヤ人のパレスチナ移住を推進するために現地入りした。

二　ユダヤ人として認識されないジレンマ

連合軍のユダヤ人に対する方針

ドイツ降伏からの数か月は、被占領国民となったドイツ人と、そのドイツ人に苦しめられたドイツ・ユダヤ人の区別はあってないようなものであった。

連合軍は、ナチによる迫害を受けた者は、原則としてドイツ国籍であっても連合軍国籍のDP（Displaced Person　戦時下の強制連行、強制移住、または自発的な避難などを理由に自国の国境外にある民間人。広義での難民）と同等に扱うという方針を掲げていた。これは、DPの帰国推進事業を行なう機関として一九四三年に設立された「連合国救済復興事業局」(以下、救済復興事業局)の援助対象になることを意味した。

救済復興事業局は、ドイツ・オーストリア・イタリアにDPキャンプを設立し、DPの衣食住の面倒を見ており、一九四五年一二月の時点で、ドイツには小規模なものも含め二二七のDPキャンプが存在した。したがってドイツ・ユダヤ人生存者もDPキャンプに入れば、旧敵国民扱いされることはなかったのだ。一九四五年のドイツ人市民の摂取カロリーが一五五〇キロカロリーであったのに対し、DPには二〇〇〇〜二五〇〇キロカロリーの配給があったから、待遇の差は大きかった。しかし街で暮らすドイツ・ユダヤ人は、せっかく自由の身になったのにキャンプで集団生活をしようとは思わなかった。また救済復興事業局はドイツ人への援助を禁止しており、ユダヤ人のドイツ人配偶者は援助対象にならなかったのである。

DPキャンプではナチ迫害の犠牲者としてドイツ・ユダヤ人の待遇は保障されていたが、キャンプを出るとその処遇は一様ではなく、占領地区によって差があった。アメリカ軍占領地区では、DPキャンプ外に暮らすドイツ・ユダヤ人についても、DPと同等に扱うという方針があった。しかし末端で占領業務にあたる兵士からは、おそらく便宜上の理由でこの方針はよく無視された。アメリカ軍最高司令官アイゼンハウアーが一九四五年八月下旬に「ドイツ・ユダヤ人はドイツ人よりも優先される」と指令を出すまで、ユダヤ人の優遇は徹底されなかった。

イギリス軍占領地区では、終戦から実に半年以上も、DPキャンプ外のドイツ・ユダヤ人は旧敵国民ドイツ人と同じ扱いを受けた。これは本国イギリスの政治状況に影響されていた。当時、委任統治領であったパレスチナではユダヤ人の独立運動が高まり、武力闘争が展開されていた。ユダヤ人を一つの民族集団として認めると、ユダヤ人国家を建設するという彼らの要求の正当性を認めることとなる。そのためドイツ・ユダヤ人はドイツ市民として、再びドイツ社会に統合されるのが好ましいと考えられた。ユダヤ人のドイツへの再統合が、ヨーロッパにユダヤ人の居場所はないと主張するシオニストへの反証となるからだ。

こうしてイギリス地区のユダヤ人は、敗戦国の国民が受けるすべての制約の対象とされた。このなかにはたとえば占領軍兵士との交友禁止があり、これは長年の迫害に耐えてきたユダヤ人にはことのほか屈辱的であった。イギリス人のラビがドイツ訪問を希望したところ、旧敵国民に対し救援活動を行なってはならないという理由で入国ビザが却下されたほどである。ドイツ・ユダヤ人はドイツ人と同じ食糧配給しか受けられず、長年の栄養不足で弱った体にはひどくこたえた。加えて、一九四五年にはまだ一五五〇キロカロリーあった配給が、イギリス本国経済の悪化に伴い翌年には一日一〇五〇キロカロリーまで減らされた。イギリスではパンでさえ配給制になっていたほどで、ドイツに食糧を送って被占領国民を食べさせる余裕などなかったのである。一九四六年夏、ニューヨークで発行されていたユダヤ系のドイツ語新聞『アウフバウ（再建）』には、イギリス地区のユダヤ人は「生きるには少なすぎるが死ぬには多すぎる」配給で暮らしており、まさに飢餓の危機に直面していると報道されている。

ライン川西岸のフランス軍占領地区の面積は小さく、地区内のドイツ・ユダヤ人生存者はごく少数であり、記録もほとんど残っていない。記録がないのは絶対数が少ないということのほかに、フランス特有の事情がある。まず、フランス軍政府の史料には、「ユダヤ人（Juif）」という言葉はほとんど出てこない。ナポレオン以降のフランスにおいては、ユダヤ人とは民族的な概念ではなく、純粋に宗教的な区分である。信仰は私的な領域であり、「ユダヤ人」は統計で把握されない。さらに宗教的な意味でのユダヤ人「イスラエリット（Israélite）」に対し、「ジュイフ（Juif）」は啓蒙以前の民族的な偏見を含んだ否定的な言葉とされている。ドイツの占領下でユダヤ人は「イスラエリット」としてではなく、明らかに「ジュイフ」として迫害されたのだが、ドイツが敗北したことで民族・宗教による差異化を認めないフランス共和制の国是が復活した。これは民族的な迫害の犠牲者である「ジュイフ」が認識されなくなるということを意味する。占領政府の統計でフランス地区のユダヤ人は「ナチズムの犠牲者」という言葉でくくられ、社会主義者らといっしょにされている。したがって、当地区ではＤＰキャンプの外に出れば、ドイツ人とユダヤ人の区別は存在しない。もっとも、フランス地区もイギリス地区同様に食糧事情が悪く、フランス兵はドイツから馬や牛まで持って帰ったというから、ユダヤ人に対する優遇など期待できなかった。

ソ連地区では、救済復興事業局の運営するDPキャンプは設立されなかった。そのためドイツ・ユダヤ人生存者ははじめからドイツ市民のなかで暮らしていたが、ナチ体制の被迫害者として、共産主義者らとともに一定の優遇を受けた。しかし、後者がファシズムに「積極的に闘った」者として、ファシズムの「単なる犠牲者」であるユダヤ人より上位に位置づけられるにつれ、ユダヤ人の待遇はイデオロギーに左右されるものになっていった。

一九四五年一一月のジョイントの報告書には、ドイツ・ユダヤ人は占領軍政府からも、救済復興事業局からも、赤十字からも、まるでドイツ人のナチのように扱われているとある。これはあながち誇張ではなかったのだろう。

「ユダヤ人」としての戦後

ドイツ・ユダヤ人が占領者から援助対象として認識されないという事態は、どのように説明されるのか。ユダヤ人を解放した連合軍は、ユダヤ人は一つの人種として集合的に迫害対象とされたのだから、戦後はユダヤ人も非ユダヤ人と同等に「市民」として扱うことが彼らに対する正義であると考えた。犠牲者集団としてユダヤ人を特別扱いするのは、ナチの人種理論の継続にほかならないというわけだ。こういった理解は、「法の前の市民の平等」という近代国民国家の原則に基づいた、ホロコースト以前の世界観を反映している。だがユダヤ人の場合、その困窮度は一般のドイツ市民は言うまでもなく、他の被迫害者集団よりずっと深刻であった。ある集団が特定の理由で損害を被り、これによって社会の他の構成員との間に明らかな格差が生じている場合、格差をなくすには肯定的な意味での「差別」が必要となる。一種の特恵待遇である。なぜなら平等とは没差異を意味し、ユダヤ人と一般の戦争被害者を区別することができなくなるからだ。したがってまず「ユダヤ人」という犠牲者集団が存在することを認めなければならないが、これは必然的に加害者の側による定義に立ち戻ることになり、ナチのイデオロギーを全面否定する立場にある占領者には、ユダヤ人を超国家的な民族集団として認めることは容易ではない。特にフランスのように戦争中ドイツの支配下におかれ、ドイツのシステムの否定が再出発の大前提であったような国にとっては、ユダヤ人の特別扱いは国家の原則にも関わる問題であった。だが、迫害者のドイツ人と被迫害者のユダヤ人が平等原則の復活によって同じ土俵に立たされるとき、これはユダヤ人に対する第二の不正となる。

逆説的なことだが、ホロコースト後のユダヤ人の救済には、民族の枠組みに立ち戻ることが求められたのであった。ナチズムの人種主義に対する解毒剤と考えられた西ヨーロッパ的な「法の前の市民の平等」は、ユダヤ人が求める正義には合致しなかったのだ。彼らは「市民」

としてではなく「ユダヤ人」として認識され、扱われ、その民族的要求が認められることを求めた。この点が、ホロコースト以前と以後のユダヤ人を隔てていた。ヒトラー以前には、多くのドイツ・ユダヤ人は「ユダヤ人」とは宗教的な所属を意味するにすぎないと主張し、シオニズムを支持する者はごく一部に限られていた。しかし、ホロコーストを経てこの認識は一変した。自分は「ドイツ人」ではなく、「ユダヤ系ドイツ市民」でもなく、「ユダヤ人」であるという民族的な自己理解が、彼らの戦後の出発点となったのである。

第二章　戦後ユダヤ人社会の形成

混合婚のユダヤ人、地下に潜伏した者、強制収容所の生還者、この三つのグループからなるドイツ・ユダヤ人生存者に、東欧出身のホロコースト生存者のグループが加わって戦後ユダヤ人ゲマインデ（信徒共同体）の原型が誕生する。これは、さまざまな背景をもつユダヤ人が混在する新しい共同社会であり、戦前の比較的均質なドイツ・ユダヤ人社会とは根本的に性格を異にしていた。これはもはや「ドイツ・ユダヤ人（deutsche Juden）」のゲマインデではなく、「ドイツに暮らすユダヤ人（Juden in Deutschland）」のゲマインデであった。

ユダヤ世界においてドイツが「殺人者の国」として忌み嫌われるなかで、ドイツを生活の場に選んだゲマインデのユダヤ人に対する風当たりは強かった。それがもっとも顕著な形で表面化したのが、ゲマインデ公共財産の相続をめぐる争いであった。海外のユダヤ人同胞との困難な関係は、ゲマインデの基盤が確立する過程で、その方向性に大きな影響を与えた。

一　ゲマインデの結成

ナチ時代との連続性

各地で自然発生的に生まれたユダヤ人の集まりは、終戦直後の困難を乗り切るための暫定的な相互扶助組織であった。これは、ナチ時代の被迫害体験を共有する者の集まりであるという点で、ナチの定義による「ユダヤ人」の集団であり、このなかにはキリスト教徒も含まれていた。終戦直後は、生活全般がまだナチ時代からの連続性の上にあった。たとえば、「ニュルンベルク法」の定義による「ユダヤ人」を統括する組織として一九三九年に設立され、ゲシュタポ（秘密国家警察）の監督下にあった「ドイツ在住ユダヤ人全国連合」（以下、全国連合）がまだ存在していた。

全国連合はユダヤ人に対する福祉業務などを行なう一方で、没収されるユダヤ人財産の査定など、ユダヤ人社会の搾取と破壊への関与を強いられたため、ユダヤ人の間での評判はすこぶる悪かった。一九四三年にゲシュタポの命令により解体され、全国連合の名義になっていた財産は国に没収されたが、これで完全に消滅したわけではなく、「残存全国連合」と呼ばれた組織が国内に残るユダヤ人を対象にした業務を行なった。この時期にはその職員は主に「混合婚」のユダヤ人か、「混血者」から成っていた。設立当初から組織運営に関わってきたユダヤ人はみな東方に移送され、姿を消して久しかったからである。

ナチ支配が終わると、「残存全国連合」は当然のようにユダヤ人生存者の救援に乗り出した。第三帝国下で、許される範囲内でユダヤ人の生活を耐えうるものにしてきたと考える全国連合職員にとって、救援のイニシアチブをとるのはごく自然なことだったのである。財産を国に没収されたとはいえ、登記の記載変更が徹底されなかったため、不動産や銀行口座など全国連合の名義になったままのものが多く、これを生存者の救援に利用することができたのだ。占領軍が統一的に全国連合を禁止することもなかったので、ナチ時代の産物である組織が生存者の救援活動の一翼を担い、生存者の団体と協力関係、もしくは競合関係にあるという奇妙な状況が生まれた。

ベルリンのイラン通りにあるユダヤ人病院は「残存全国連合」の本部がおかれた場所だが、ここは戦後、生存者の臨時シェルターとして救援活動の中心地であった。一九四三年より「残存全国連合」の会長であったヴァルター・ルスティヒは、ユダヤ人病院の院長でもあり、強制収容所へ送られるユダヤ人の選別に関与した人物である。戦後、救援活動を行なうルスティヒは、全国連合をユダヤ人生存者の正式な代表として認めるようベルリン市長に要請している。しかし、強制収容所から戻ってきた者や地下生活から出てきたユダヤ人にとって、全国連合はゲシュタポの手先であり、職員は程度の差こそあれユダヤ人の搾取と殺害に手を貸した者たちであった。実際、ルスティヒはソ連軍により逮捕され、ゲシュタポに協力したかどで裁判なしで処刑されている。フランクフルトでも全国連合の支部が残っていたが、こちらはその名義の銀行口座などを、新たに生まれつつあったユダヤ人の共同体に託し、その活動を自主的に停止している。

「ユダヤ人」とは誰のことか

終戦から数か月が経ち、生存者の最も基本的なニーズが満たされるようになると、暫定的な助け合いの集まりであったものがユダヤ人ゲマインデへと組織されてゆく。同じ時期に被迫害者集団の分化・組織化も進み、政治的な理由で迫害された者は共産主義系・社会主義系の組織に集まり、キリスト教徒でありながらユダヤ人として迫害された者は教会の援助を受けるようになっていた。

このような流れのなか、ユダヤ人生存者の集まりも、集団の性格をより明確にし、その参加資格を定義する必要がでてきた。つまり誰が「ユダヤ人」なのか。問題は、差別と迫害の体験が共同体構成員の共通項となるのか、それともユダヤ教の信仰という自己選択が条件とされるのかという点であった。

ユダヤ教においては、ユダヤ人とは「ユダヤ人を母にもつ者、もしくはユダヤ教に改宗した者」と定義される。父親がキリスト教徒であっても、母親がユダヤ教徒であれば子はユダヤ人である。逆に、父親がユダヤ教徒であっても母親がキリスト教徒の場合は、子はユダヤ人とは見なされない。ところが、母親がキリスト教徒であっても「血」としてはユダヤ人である場合、つまり母がユダヤ人の祖母から生まれている場合は、子はユダヤ人だと見なされる。ユダヤ人の定義は、宗教と民族の概念が入り混じったものなのである。ドイツ人社会が改宗したユダヤ人をドイツ人と認めなかったのと同様、ユダヤ人の側もユダヤ教を棄てた者でも「血」の共同体から抜けたとは見なさなかったわけだ。

これに対し、第二帝政以降のユダヤ教徒ゲマインデは、純粋に信仰により定義されるものである。ユダヤ教がプロテスタント、カトリックとならんで三番目の宗教として公的な地位を得たため、ゲマインデは宗教共同体として国との関係を規定する上で必要な枠組みとなった。ユダヤ人個人の所得税の一部が、その所属するゲマインデに運営補助として国から直接支払われるようになったからである（シナゴーグ税）。これはキリスト教徒の場合、プロテスタントまたはカトリックの教会に支払われる教会税に当たる。自分の税金が宗教的な目的に使われることを望まない者は、無宗教を表明してゲマインデから正式に脱会することができた。ゲマインデは明確に宗教を基準にしていたのである。ゲマインデが全国連合の支部という位置づけになり、「キリスト教徒のユダヤ人」も含むようになった一九三九年から一九四五年の中断期間を除けば、ゲマインデの参加資格が「血」の問題であったことはなかったのだ。世俗的な「同化ユダヤ人」が多いことで有名であった戦前のドイツ・ユダヤ人社会でも、正式にゲマインデから脱会する者は稀であった。ふだんはユダヤ教の教えとは縁遠い生活をしていても、最期にはやはりユダヤ教徒として埋葬されたいと願ったからである。

ナチがユダヤ人を人種であると宣言し、またそのように上から教化したことで、ナチが敗北して人種主義に基づくユダヤ人の概念が無効となった後でも、ユダヤ人とそうでない者の線引きはあいまいであった。終戦直後のユダヤ人人口の把握が難しいのは、人口統計をとるような機関が存在しなかったということのほかに、ユダヤ人概念が確立していなかったという理由がある。地方自治体の統計によっては「二分の一ユダヤ人」や「混血者」もユダヤ人のなかに含まれていることがある。

こういった理由で「ユダヤ人」の再定義は必須であったが、ゲマインデ参加資格の明確化は、疑いもなく物的な問題、つまり海外からの救援物資の配分と関連していた。食糧だけでなく、救援物資に含まれるタバコやコーヒーなどの嗜好品は一般のドイツ市民には手に入らないもので、闇で高く取引されていた。当時はタバコが最も安定した通貨と言われた時代である。救援物資目当てに、ゲマインデ入会希望者が列をつくった。「パケート・ユーデン（小包目当てのユダヤ人）」という蔑称が広まったほどだ。そのなかにはかつては「人種ユダヤ人」と呼ばれたキリスト教徒もいた。彼らは「ユダヤ人」として迫害されたのだから、救援物資を受け取る権利があると考えたのである。また混合婚のドイツ人配偶者は、食糧を分け与え困難をともにした献身が報われるべきだと主張した。当時、ユダヤ教は心の糧であると同時に、実際に胃袋を満たすものだと考えられていたのだ。そのため改宗希望者も多かった。ナチ時代に迫害を逃れたい一心でキリスト教に改宗したユダヤ人は少なくなかったし、ドイツ社会での成功を求めてヒトラー以前に自らの意思でゲマインデを脱会した者でも、迫害でユダヤ人としてのルーツを自覚し、ユダヤ教への回帰を望む者がいた。またナチ党員であったドイツ人が、経歴をごまかすために改宗を希望することもあった。

しかしゲマインデは、ユダヤ教徒以外の入会は原則として認めないという立場をとった。二〇〇〇年も前にユダヤ人が聖書の土地からディアスポラ（離散）に追いやられても、共同体として生き延びることができたのは、宗教を集団の母体にしてきたからである。信徒を増やすために改宗を奨励することをせず、共同体の境界を狭く保つことで内的な質を保ってきたのだ。

そのため厳しい審査を経て改宗を許された者を除けば、多くが門前払いとなった。混合婚のドイツ人配偶者については、ゲマインデ入会という形ではなく、特別な援助として救援物資が与えられた。

「ユダヤ人とは誰か」という問いは、「ユダヤ人とはどうあるべきか」という問いと切り離すことはできなかった。一九四六年、ベルリンのユダヤ人の約六〇パーセントがキリスト教徒と結婚しており、ほかの都市ではその比率はさらに高かった。デュッセルドルフでは約七五パーセント、ハンブルクでは七〇パーセント、ハノーファーでは六〇パーセントが混合婚のユダヤ人であった。このようなユダヤ人は、たとえば強制収容所から戻った者から見れば、十分に「ユダヤ的」ではなかった。

異教徒との結婚は、宗教共同体の求心力のバロメーターとされる。混合婚の比率の高さは、生存者の多くがヒトラーの出現以前にユダヤ教から距離を置いていた、ユダヤ人社会の辺境にあった者たちであったことを示していた。「ユダヤ的」な人間が少ないからこそユダヤ教の教えに戻るべきで、キリスト教徒と結婚している者はゲマインデの重要な役職につくべきでないという意見が出された。ゲマインデの結成に関わった混合婚のユダヤ人が、しばらくすると強制収容所から戻った者たちによって指導的立場を追われるという例が各地で見られた。しかし問題は、混合婚のユダヤ人を指導層から外すと、ゲマインデを率いるに足る人間がほとんど残されないことであった。

生存者の集団が組織化されるにしたがい、ゲマインデ理事会が選出され、そのなかから会長が選ばれるようになった。選挙の際にゲマインデ参加資格も明文化された。ゲマインデ規約には「ユダヤ教を信仰する者」によりゲマインデが構成されるとの一文が加えられた。

各地のゲマインデ

南ドイツのアメリカ地区では、全体で二五ほどのゲマインデが結成された。かつてのバイエルン州には一八〇を超えるゲマインデがあったが、そのうち再び結成されたのは、ミュンヒェン、アウクスブルク、ニュルンベルク、ヴュルツブルクなど、一〇以下に過ぎなかった。ヘッセン州でも、以前二五〇もあったゲマインデは、戦後はわずか数か所にまで減少していた。戦前ベルリンに次ぐ規模（二万六〇〇〇人）を誇ったフランクフルト・ゲマインデでも、一九四六年の時点でその登録者は七〇〇人を超えなかった。ヴュルテンベルク・バーデン州では、シュトゥットガルト、マンハイム、カールスルーエ、ハイデルベルクの町でゲマインデが結成されたのみであった。

北部のイギリス地区では、一九四六年七月の段階で四四八五人のユダヤ人がゲマインデに登録していた。一四〇〇人近い登録者のいるハンブルクを筆頭に、ケルンに八〇〇人、ハノーファーに二五〇人と続いた。ノルトライン・ヴェストファーレン州には、デュッセルドルフ、ヴッパータール、エッセン、ボン、ドルトムントなど、百人から数百人の小・中規模ゲマインデが多かった。

またフランス地区では、マインツ、コブレンツ、フライブルク、ザールブリュッケンといった中規模の都市でゲマインデが結成され、生存者はラインラント・プファルツ州に集中していた。地区全体のドイツ・ユダヤ人の数は、一九四七年年四月には六四〇人であった。

一方、ソ連地区でもライプツィヒ、ドレスデン、エアフルト、アイゼナハ、イェーナ、マクデブルク、ハレ、ケムニッツといった都市でユダヤ人ゲマインデが結成され、一九四六年一一月には「ソ連占領地区ユダヤ人ゲマインデ連盟」が誕生し、アウシュヴィッツ生存者で共産主義者のユリウス・マイヤーが会長に選出された。この頃はまだ少なくとも二〇〇〇人を超えるユダヤ人が地区内に暮らしていた。また西側三地区と異なり、ソ連地区にはユダヤ系の社会主義者・共産主義者が、理想の実現を求めてやってきた。哲学者エルンスト・ブロッホ、作家のシュテファン・ハイム、アーノルト・ツヴァイク、アナ・ゼーガース、文学者ハンス・マイヤー、アルフレート・カントーロヴィチなどである。だが、彼らはユダヤ人としてのアイデンティティよりも政治信条が先にあった人たちであった。逆にそのイデオロギーを嫌う生存者は西へと移動した。ソ連地区からは合法的に海外に移住する道が閉ざされていたためもある。

連合軍共同管理下のベルリンでは、四つの占領地区を包括する大ベルリンのゲマインデが生まれた。結成当初から七〇〇〇人を超えるメンバーがいたが、一九三三年の一六万人に比べると、おおよそ二〇分の一以下になってしまった計算になる。はじめはソ連地区のオラニエンブルク通りに事務所があった。しかし、ソ連地区では何かと不都合なことが多かったので、ゲマインデの事務機能は徐々に西側へと移された。一九四八年一月の選挙で正式に理事会が選出され、弁護士のハンス・エーリッヒ・ファビアンが会長に選ばれた。

一九四五年から四六年に各地でゲマインデが結成された当時、その登録者の数は全国で二万人強であったと推測される。

二　ユダヤ人DP

ユダヤ人DP問題の起源

ドイツ・ユダヤ人が都市部でゲマインデを結成したのと平行して、ドイツではもう一つのユダヤ人集団が生活していた。ホロコーストを生き残った東欧出身のユダヤ人DP（Displaced Person）である。DPとは戦争中の強制連行や自主的な避難のために自国の国境外にある民間人を指す。終戦時にヨーロッパ出身のDPは七〇〇万人を数え、ユダヤ人DPはそのごく一部にすぎなかった。大半のDPは終戦と同時に故郷を目指して移動を始め、またソ連国籍のDPが強制送還されたこともあり、その数は一九四五年九月には一八〇万人にまで減少した。こうしてヨーロッパのDP問題が急速に解決へと向かうなか、ユダヤ人DPの数は時間が経つにしたがい逆に増加していった。彼らが他のDPと根本的に異なっていたのは、ユダヤ人には帰るべき故郷がないことにあった。東欧はユダヤ人の墓場と化しており、国に戻ってユダヤ人社会の再建に関わるなど全く不毛なことに思われた。国に戻る意志がないという点で、ユダヤ人DPは帰国したくても帰国できない難民（refugee）とは区別されたのである。

家族を殺され、ひとり残された東欧のユダヤ人は、南へ西へ、西側連合軍支配地域へと向かった。ソ連の影響下にある国では強制送還される恐れがあったが、西側では少なくとも身の安全は保障されたからである。しかしDPキャンプでの生活は、自由とは名ばかりの半幽閉状態であった。DPの存在自体が一時的なものと考えられたため、キャンプといってもかつての強制収容所やドイツ軍の兵舎、工場などのバラックが作りかえられた程度のものであった。収容所として使われていたときの鉄条網が残されたままの場所さえあった。

さらに、ＤＰは出身地により分類されたため、ウクライナやバルト地方出身のユダヤ人は、自主的にドイツに出稼ぎに来たり、ナチに協力したために共産主義国となった故国に戻れなくなったような同郷者と一緒にされた。かつて強制収容所の看守であったようなＤＰと、同じ屋根の下に暮らさねばならなかったのである。

ナチの犠牲者であるユダヤ人が、今度は戦勝国により囚人のように扱われているといった情報が、ユダヤ系アメリカ軍兵士や軍属のラビにより本国にもたらされた。このニュースに危機感をもったアメリカのユダヤ人組織は、ユダヤ人ＤＰの待遇改善を求めてアメリカ政府に訴えた。大統領トルーマンは難民問題に精通したペンシルベニア大学法学部長、アール・ハリソンにユダヤ人ＤＰの状況に関する調査を依頼した。すぐに調査団が結成され、ハリソンの一行は一九四五年七月上旬よりヨーロッパのキャンプを視察した。その結果、ＤＰキャンプの衛生状態、食事内容などまったく満足のゆくものではないことが判明し、八月下旬に大統領に提出した報告書のなかでハリソンは、「ユダヤ人を殺さないという点を除けば、目下のところわれわれは、ナチ同様にユダヤ人を扱っているようである」と軍を激しく非難した。アメリカ議会におけるハリソン報告の反響は大きかった。当時ヨーロッパに展開するアメリカ軍の最高司令官であったアイゼンハウアーは、報告書が大統領に公式に達する前に手を打とうと、ユダヤ人ＤＰの待遇の抜本的な改善を命令した。ドイツ人に対するユダヤ人ＤＰの優遇が明確な方針とし

写真1　アメリカ地区のユダヤ人DP キャンプ

て打ち出され、食糧配給もドイツ市民の二倍ほどにまで引き上げられた。ドイツの町々ではナチ党員の家屋が接収されて、ＤＰの居住区に指定された。

　ハリソン報告がもたらした変化のなかで最も重要なのは、軍がユダヤ人を一つの民族集団として認めた点だ。これまでユダヤ人の民族的所属は国籍に従属させられてきただけに、ユダヤ人を出身国に関係なく一つの独立した集団として扱う方針は画期的なものであった。これにより、ユダヤ人ＤＰが多数を占めるキャンプから非ユダヤ人ＤＰが排除され、ユダヤ人専用のキャンプが各地に生まれた。さらにユダヤ人ＤＰが軍政府に直接要望を伝えられるように、軍政長官直属のユダヤ人アドヴァイザーのポストが置かれた。

　ユダヤ人ＤＰの優遇を打ち出したアメリカ軍とは異なり、イギリス軍はパレスチナ問題を抱える事情から、ユダヤ人ＤＰを独立した集団とは認めなかった。だが、イギリス軍占領地区にはドイツ最大のユダヤ人ＤＰキャンプ、ベルゼンがあった。ベルゼンの名は、ハノーファー近郊の強制収容所ベルゲン・ベルゼンから来ている。解放後、収容所のバラックはチフスの発生のため焼き払われたが、軍将校の宿泊施設として使われていた近くの一角がDPキャンプに作りかえられた。ユダヤ人はここでも多数派を占めていたが、ユダヤ民族の存在を認めない軍の方針に基づいて、始めはポーランド人らといっしょに収容されていた。しかしポーランド人とユダヤ人の衝突が頻繁におこるため、前者はベルゼンから他のキャンプに移され、ここは実質的にユダヤ人専用のキャンプとなった。居住者は一万人を超え、ほとんど小さな町と言ってよかった。

フランス地区にもDPキャンプはあったが、生活環境の悪いこの地区にとどまるユダヤ人は少なく、たいていは隣接するアメリカ地区のキャンプへと流れ込んだ。

ソ連地区では、DPはすべて帰国可能という立場から、キャンプは設立されなかった。祖国への強制送還を恐れるユダヤ人はソ連地区を迂回して、もしくは何らかの非合法な手段で通り抜けて、西側地区に到達した。

一九四五年後半にはすでにドイツにおけるユダヤ人DP人口は六万八〇〇〇人を数え、うち約五万四〇〇〇人がアメリカ地区に、約一万三〇〇〇人がイギリス地区に、約一五〇〇人がフランス地区に暮らしていた。

キェルツェ・ポグロム

一九四五年冬ごろからドイツに到着するユダヤ人DPの数は増えはじめ、一九四六年に入ると目立って増加傾向にあった。その大半がポーランド出身者であった。ポーランドでは戦前約三五〇万人のユダヤ人がいたが、三〇〇万人以上が殺害され、一九四五年の夏に国内で生存している者は八万人ほどしかいなかった。そのほかに大戦勃発後にソ連領内へ避難して殺戮を免れた者が、一八万人から二〇万人ほどいた。これらのユダヤ人に対しソ連政府は、ソ連国籍を取得するか帰国するかの選択を迫り、一六万人弱が一九四六年初頭にポーランドへの帰途についた。

ところが戻ってきたユダヤ人を待っていたのは、ポーランド市民の敵意であった。ユダヤ人が「一掃」され姿を消してからというもの、残された家には見知らぬ人間が入居し、家財道具は持ち出されていた。ユダヤ人財産のポーランド人への移行は既成事実となっていた。ユダヤ人が家屋等の返還を求めると、各地で暴力事件が発生した。ユダヤ人が走行中の列車から突き落とされたり、集団で襲撃されたりする事件は後を絶たず、一九四四年のドイツ軍撤退から一九四七年夏までにポーランド人に殺害されたユダヤ人の数は一五〇〇人から二〇〇〇人にも及ぶ。当時ポーランドでは共産党が急速に勢力を拡大していたが、その中枢に何人かのユダヤ人がいたため、ユダヤ人が国を共産主義化するといった非難を呼んでいた。

ユダヤ人に対する暴力は、一九四六年七月四日、ポーランド西部の町キェルツェで発生したポグロム（ユダヤ人虐殺）でピークに達した。

ポーランド人の一少年が消息不明となり数日後発見されたが、少年はユダヤ人共同体の建物に監禁され、そこで儀式殺人の犠牲となった子供たちの遺体を見たと証言した。儀式殺人とは、ユダヤ教徒がキリスト教徒の子供を殺害し、その血を儀式に使うという中世からの迷信である。これに激昂した民衆と民兵がユダヤ人を襲撃し、四二人が殺害された。

子供の失踪が最初から演出されたものであったことが後になって判明するが、このポグロムはまだ国内にいたユダヤ人の間にパニックを引き起こし、ポーランドからユダヤ人の脱出が始まった。ユダヤ人は徒歩で、列車で、国境を警備する兵士に賄賂を使って、ドイツやオーストリアへ入国した。ポーランド政府はユダヤ人流出を止めようとはせず、むしろ出国を手助けしたようである。彼らはドイツのアメリカ軍占領地区を目指した。大きく分けて南北二つの経路があり、ポーランドからチェコもしくはオーストリアを抜けてバイエルンへと向かう道と、バルト海に面した港町シュテッティーンから陸路ベルリンへ入り、そこからイギリス地区を通ってアメリカ地区へ向かう道とがあった。

ポグロムによるユダヤ人の流入の結果、一九四七年夏、ドイツのユダヤ人ＤＰは一八万四〇〇〇人に膨れ上がった。その大半、一五万七〇〇〇人がアメリカ地区に集中していた。アメリカ地区のなかでも、ランツベルク、フェーレンヴァルト、フェルダフィンクなど、数千人を収容する大きなキャンプの大半はバイエルンにあった。だが、すべてのユダヤ人ＤＰがキャンプで暮らしていたわけではなく、自ら選んでドイツ人に混じって街なかで暮らす者もあった。彼らは軍が指定したＤＰ居住地域に住むこともあれば、ドイツ人の家に間借りをすることもあった。

ユダヤ人ＤＰという現象は、ホロコースト生存者によるパレスチナへの移動の一局面と位置づけられる。生存者のヨーロッパからパレスチナへの非合法移住は、「ブリハー（脱出）」と呼ばれ、パレスチナのシオニスト組織であるモサド（後のイスラエル諜報局）により組織された。モサドは通過可能なルートを開拓し、途中途中に基点を設け、中古の漁船や蒸気船を買い付けて、フランス、イタリア、ギリシア、ユーゴスラヴィア、ルーマニアなどの海岸部に達したユダヤ人をパレスチナへ送り出した。一九四五年から一九四八年の間に、不法移民を乗せた六五もの船がパレスチナに向かった。最後は沖につけた船から小さなボートに乗り換え、夜と霧にまぎれて上陸するという、まさに生死をかけた不法入国もあった。だが大半の船がイギリス海軍により拿捕《だほ》され、キプロス島の抑留キャンプへと送られた。

ドイツのＤＰキャンプは、移住希望者がヨーロッパに足止めされて渋滞が生じている状態であった。DPキャンプがユダヤ人で一杯になればなるほど、ユダヤ民族の窮状とユダヤ人国家建設の大義を世界に訴える格好の宣伝になったため、シオニスト組織は意図的にDPをアメリカ地区に集中させ、アメリカ政府がイギリス政府に対して移住制限撤廃への圧力をかける状況を作り出していたのである。イギリスは一九四七年二月、パレスチナ問題の解決を国連に委託せざるを得なくなった。イスラエルが建国されると、移住はもはや不法ではなくなった。建国以前に、約一一万五〇〇〇人のユダヤ人がヨーロッパからパレスチナに達したとされる。

DPキャンプでの生活

ドイツ社会において、ユダヤ人DPはきわめて異質な集団であった。キャンプは町の郊外に作られることが多く、敷地の周囲には柵がめぐらされ、ドイツ人市民とはほとんど接触がなかった。入り口にはキャンプの住民により組織されるDP警察が詰め、一種の治外法権領域を形成していた。キャンプ内ではイディッシュ語、ポーランド語、ハンガリー語などが話され、ヘブライ文字で印刷された新聞が読まれた。病院、学校、イエシヴァ（神学院）、移住に備えるための職業訓練所、裁判所や劇団まであった。もみ上げを長く伸ばした、黒いフロックコートの正統派ユダヤ人の姿もあり、シュテテル（東欧のユダヤ人村）さながらの光景であった。占領軍と救済復興事業局は食糧の調達など基本的な部分で関与するのみで、キャンプ内はＤＰの代表である「解放ユダヤ人中央委員会」と、アメリカの救援組織であるジョイントにより実質的に運営されていた。

ＤＰキャンプでの生活は、さまざまな意味でのリハビリを目的としていた。迫害によって負った肉体的・精神的な傷からの回復は言うまでもなく、強制収容所での抑留や逃亡生活といった極限の日々のなかで失われた衛生観念や社会規範を取り戻すための場でもあった。それはまず食事の時にはスプーンやフォークを使うといったことから始まり、強制収容所を支配していた弱肉強食の論理を棄て、対人関係の基本ルールを再習得することを意味した。つまり、「普通の生活」へと戻るための準備段階であったのである。しかし、ＤＰキャンプでの生活が実は「普通の生活」から程遠いことは、逆説的だが、空前の結婚・出産ブームに示されていた。

ひとり残された孤独感と家庭的な温かさへの渇望から、若いユダヤ人ＤＰは自分の家族を作ろうと躍起になり、キャンプ内では連日結婚式が挙げられ、子供が生まれた。一九四七年には、ユダヤ人ＤＰ女性の三人に一人は妊娠しているか子育て中であると報告されている。確かにこれは破壊されつくした後の「生」の証しでもあったが、こうして生まれた即席の家族関係は、多くが離婚という結果に終わったことを付け加えねばならない。ＤＰが移住し、所属できる場所を見つけ、彼らの生活が本来の意味での日常を取り戻すにつれ、ＤＰキャンプで作られた人間関係は解消する方向へ向かった。

家族を作るということのほかに、ＤＰが人間性や尊厳を取り戻す鍵は、自分が生き残った意義を自覚することであった。家族のなかで自分だけが生き残ったことに罪悪感をもつ者は少なくなく、自分の存在に意味があると思えることが彼らのリハビリと直結していた。この役割を担ったのがシオニズムであった。家族をなくしたユダヤ人ＤＰにとってシオニズムは唯一の希望であり、「ユダヤ民族」という仮想の共同体は家族の代替となった。国家建設に自分たちの果たすべき役割があると信じることで、彼らは生きる目標を見つけた。キャンプは身も心も壊れたホロコースト生存者を、国のためなら命も惜しまないシオニストに作りかえる場であった。キャンプでは来たる独立戦争のための志願兵のリクルートが行なわれ、後のイスラエル国軍となる地下軍事組織ハガナによる軍事訓練まで行なわれた。

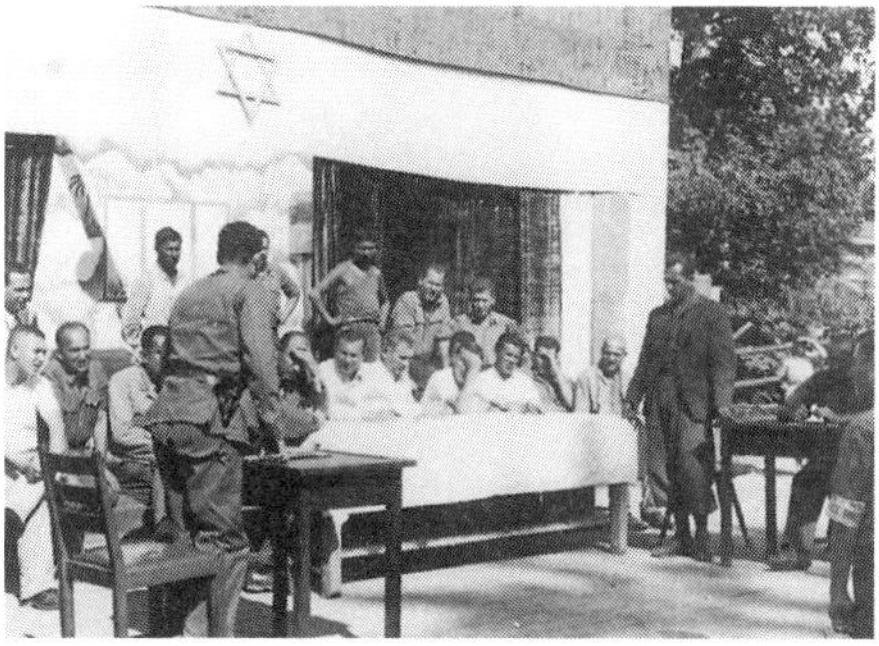

写真２　ユダヤ人 DP キャンプ内での裁判の様子

逆にユダヤ人ＤＰの社会的リハビリのなかでもっとも困難であったのが、彼らに労働意欲を呼び起こすことであった。ナチから奴隷労働を強いられた者には、労働とは死を意味した。働けば働くほど衰弱したからだ。このような体験をもつ者には、自らの労働力を提供してドイツ経済の再建に貢献したいと考える者はいなかった。そのため、ジョイントから支給されるタバコやコーヒー、さらには軍の物資をドイツの闇市に流す行為が横行した。彼らはこうして移住資金を稼いだのである。ＤＰキャンプのすぐ外には闇市が立ち、闇市がユダヤ人とドイツ人の唯一の接点となるという歪んだ関係が生まれていた。一九四八年にライヒスマルクがドイツマルクへ切り替えられるまで、ドイツ経済は闇市なしには成り立たなかったから、闇市は需要と供給の上に成り立っていた。しかし、ユダヤ人ＤＰの闇市関与は、ドイツ市民のあいだの根強い反ユダヤ主義感情を増長させた。ユダヤ人はドイツ人の不幸に乗じて金儲けをするという、古くからのステレオタイプが語られた。反ユダヤ主義感情の高まりは、相次ぐユダヤ人墓地冒瀆事件に顕著に現われていた。

一部の同胞が犯罪に手を染めているという事実は、ゲマインデのユダヤ人にとっては頭の痛い問題であった。ユダヤ人ＤＰと同一視されて、闇市がユダヤ人全体の犯罪だとみなされることにはほとほと迷惑していた。またユダヤ人ＤＰの「東方ユダヤ人」的な異質さは、ドイツ人にとっても、ドイツ・ユダヤ人にとっても同じであった。

ユダヤ人としての同胞意識は共有されていたが、ＤＰの言語、習慣、振る舞いは、伝統的にドイツ・ユダヤ人が東欧の「後進的な」ユダヤ人に対して抱いていた差別感情を呼び起こした。ゲマインデの参加資格は、原則としてその土地に住むユダヤ教徒すべてに認められているが、それでは数の上で圧倒的に優勢であるユダヤ人DPに、ゲマインデの支配権を握られてしまう。そのためゲマインデは理事会の被選挙権を一九三八年の時点でドイツに居住していた者に限定するなど、ゲマインデ運営におけるDPの影響力排除を試みた。現にアウクスブルク・ゲマインデでは、一九五〇年代半ばまで、ユダヤ人DPはドイツ・ユダヤ人と同等の権利を与えられていなかった。

これに対してユダヤ人DPは、ゲマインデのユダヤ人を「同化ユダヤ人」だと非難した。ホロコースト直後のユダヤ世界で、同胞を「同化ユダヤ人」と呼ぶことは、ほぼ最大級の侮辱を意味した。ユダヤ人国家建設に参加することがユダヤ人の使命であると考えるDPにとって、ドイツでユダヤ人社会再建を試みることは、民族に対する裏切りであった。ゲマインデのユダヤ人とユダヤ人DPの対立は、ドイツ各地で見られたが、アメリカ地区で特に顕著であった。ジョイントの救援物資はたいていユダヤ人DPの代表組織である解放ユダヤ人中央委員会を通して配分されたが、当初ミュンヒェン・ゲマインデはその配分から締め出されていたのである。一方、DP人口がさほど大きくなかったイギリス地区では、ゲマインデのユダヤ人とユダヤ人DPの関係は比較的良好であった。

ユダヤ人ＤＰの移住

一九四八年五月一四日、イスラエルが建国されるとユダヤ人ＤＰは次々とドイツを後にした。四八年、四九年の二年弱で六万人以上がドイツのキャンプからイスラエルへ移住している。アラブ諸国と独立戦争が戦われるなか、多くの若者がまだ見ぬ祖国を守るために出発していった。ユダヤ人専用のキャンプは次々と閉鎖され、翌四九年末にはその数は一〇にまで減少し、うち九か所までがアメリカ地区に、イギリス地区ではベルゼンが残るのみとなった。ベルゼンは一九五〇年七月に閉鎖された。

西ベルリンでは、ＤＰキャンプは他の地区より早くその役目を終えていた。一九四八年のベルリン封鎖の際、アメリカ軍は「空の懸橋」でベルリン市民に食糧・燃料等を空輸したが、このときベルリンのキャンプに暮らしていた約五五〇〇人のユダヤ人ＤＰは、積荷を下ろして空になった輸送機でフランクフルトへと運ばれていたのである。一九五〇年六月にはアメリカへのＤＰの移住規制が大幅に緩和されたため移住が加速し、一九五〇年末ドイツのユダヤ人ＤＰの数は三万人を切っていた。

ドイツのＤＰキャンプからの移住は四九年、五〇年をピークに減り始め、一九五二年になる頃にはユダヤ人ＤＰの問題は解決済みとみなされた。しかし、なかにはドイツにとどまらざるを得ない者たちもいた。結核菌保持者など、健康上の理由から移住受け入れ先がないユダヤ人ＤＰとその家族である。また迫害で精神に異常をきたした者、なかでも精神障害児には移住の道はほぼ閉ざされていた。どの国も移民は健常者であることを期待したからである。イスラエルもまだ障害者の受け入れ態勢が整っていなかったこともあり、一九五一年まではこのようなＤＰを受け入れていなかった。

健康上の問題を抱えたＤＰは、一九五二年以降はバイエルン州のフェーレンヴァルト・キャンプに集められた。各地のキャンプが閉鎖されたため、行くあてのないユダヤ人ＤＰもフェーレンヴァルトに集まってきた。さらに一度はイスラエルに移住したものの、厳しい現実に失望してドイツに戻って来た者もこのキャンプに現われるようになった。第三国への再移住の可能性を探るあいだ、ドイツなら少なくとも生活が保障されたからである。ドイツ最後のユダヤ人ＤＰキャンプとなったフェーレンヴァルトが閉鎖されたのは一九五七年。実にナチ体制の終焉から一二年経った後のことであった。他方、自らの選択でドイツにとどまった者もいた。ドイツ人と結婚した者、ドイツで経済的基盤を確立した者などである。約一万二〇〇〇人から一万五〇〇〇人ほどのユダヤ人ＤＰがドイツに残ったとされている。

三　「殺人者の国」で

海外ユダヤ人のドイツ観

ドイツで生存者による組織化が進む一方で、パレスチナやアメリカなど海外のユダヤ人社会では、ドイツにおけるユダヤ人の歴史はナチズムの崩壊をもって終焉したとみなされていた。「殺人者の国」ドイツではユダヤ人社会の再建を試みるべきではなく、生き残った者はできるだけ早く海外へ移住すべきだとされた。ユダヤ人が中世にスペインから追放された際、二度とユダヤ人がスペインに足を踏み入れることのないよう、ラビが禁令を出したという言い伝えがあるが、ドイツにもユダヤ人定住禁止を打ち出すべきだという意見もあった。

迫害を逃れてドイツから海外に移住したユダヤ人は国籍を剥奪されたが、その回復を求める必要はなかった。移住者自身がドイツ国籍の再給付を欲しなかったからだ。親兄弟を手にかけたかもしれない者たちと隣りあわせで生きてゆくなど、とても考えられなかった。戦前ドイツのシオニスト指導者であり、ジャーナリストとしても名を知られたローベルト・ヴェルチュは、パレスチナのドイツ系移民のあいだで読まれていた情報誌に、一九四六年にこう書いている。

ドイツのユダヤ人に将来はあるのか？（中略）ドイツに帰国を望むユダヤ人がいるとは、われわれにはとても考えられない。ここは死体と、ガス室と、拷問室のにおいがする。ところが現実には、ドイツに何千人ものユダヤ人が今もまだ住んでいる。戦後の混乱は、ドイツの一部をユダヤ人の中心地にさえした。だがわれわれの理解するところでは、これは過渡的な状況である。国内のこのようなユダヤ人共同体の残骸は、できる限り早急に解体されるべきである。（中略）ドイツはユダヤ人の住む地ではないのだ。

ドイツはユダヤ人不在の地となり、その不在こそが弟を殺したカインのしるしのように、未来永劫ドイツの罪の証しとなるはずであった。

ゲマインデに集まったユダヤ人自身、ドイツでの生活が長期化するとは思っていなかった。ビザが取れ次第、パレスチナやアメリカの親類のところに身を寄せようと考えていた。そのためゲマインデは移住までの暫定的な相互扶助組織であり、ドイツのユダヤ人社会解体のための残務処理を行なう場と位置づけられた。実際に、国内で生き残った約二万人のうち八〇〇〇人ほどは、終戦後の数年間でドイツを去っていった。また、ゲマインデ・メンバーの大半は高齢者であったので、遅かれ早かれ自然消滅すると見られていた。

ところが大方の予想に反して、終戦直後の混乱がおさまると、ドイツに帰国するユダヤ人が現われた。まず、ナチの独裁が終焉したドイツへの帰国をごく自然なものと考えて戻った者がいた。これらは主に海外に亡命していた社会主義者や共産主義者で、たいていソ連軍占領地区に戻ってきた。残してきた財産の確認と回復を目的に来る者もあった。帰国者にはイギリスなど近隣のヨーロッパ諸国に避難していた者が多かったが、移住先で生活を確立できなかったのであろう、なかには遠く中南米から戻る者もいた。また『ユダヤ一般週刊新聞』の発行人カール・マルクスのように、ドイツの民主主義の再建に貢献するという確固とした意思をもって戻った者もいた。

そして一九四七年夏以降、大戦中に上海に避難していたユダヤ人二五〇〇人ほどがドイツに戻ってきた。国際自由港であった上海は、太平洋戦争勃発で日本政府がヨーロッパからの難民の入港を禁じる一九四一年末まで、ユダヤ人にとっては入国ビザがいらないほとんど唯一の場所であった。ここにまず受け入れ先の見つからないドイツ、オーストリアのユダヤ人難民が流れ込み、さらに第二次世界大戦開戦後は、ソ連に逃げ込んだポーランド・ユダヤ人らがシベリア鉄道を使ってヨーロッパから極東までたどり着いた。その一部はリトアニアのカウナス（現コヴノ）の日本領事館で杉原千畝により発行されたビザを手にした者たちであった。彼らは船で日本に上陸し、神戸には一時ユダヤ人難民のコミュニティがあったほどだ。だが彼らの大半は開戦後に上海へ送られ、ゲットーに近い状態で抑留された。

戦争が終わると、上海に避難していた約二万人のヨーロッパ出身のユダヤ人は、その大半がパレスチナや北米に移住していった。ヨーロッパに戻る道を選んだ者は一部に過ぎなかった。国共内戦が始まったため、中国で移住を待つよりは廃墟のドイツのほうがまだましと考えたのであろう。ドイツに戻った者の多くは再びヨーロッパを後にした。

ドイツを去る者がいる一方で帰国者がその穴を埋め、また街なかで暮らすユダヤ人DPが生活の便宜からゲマインデに参加することもあり、ゲマインデは解体されるどころか逆にその基盤を固めつつあった。予想外の展開に海外のユダヤ人は困惑した。一九四八年六月二七日より、スイスのモントルーで「世界ユダヤ人会議（World Jewish Congress）」の第二回大会が開かれた。世界ユダヤ人会議は一九三六年に設立されたシオニスト系の政治組織で、ユダヤ世界がホロコーストで強くシオニズムに傾斜したのを背景に急速に影響力を強めていた。大会は「血に染まったドイツに二度と根を下ろしてはならない」という認識を確認する「モントルー決議」を採択した。これはユダヤ人DPも含めてドイツに暮らすユダヤ人への強い牽制を意図していた。その一か月半前にイスラエルが建国されており、移住を阻むものはもはやなくなっていたからだ。

このような海外の同胞の姿勢は、当然ながらドイツに対する強い嫌悪感に起因した。とくに多くのホロコースト生存者を受け入れたイスラエルでは、ドイツと名のつくものはすべてボイコットの対象となったと言って過言ではない。イスラエルのパスポートには、「ドイツにおいて無効」と但し書きされていたし、ドイツ語の新聞・雑誌の輸入は禁止されていた。イスラエル国家の中枢にはドイツ語を母語とする人間が多くいたにもかかわらず、公的な場でのドイツ語の使用はタブーであった。

だがそれ以外にも、ドイツでのユダヤ人社会再建に否定的になる大きな理由があった。海外のユダヤ人は、ゲマインデのユダヤ人の資質を怪しんでいたのである。その大半がキリスト教徒と結婚しているという事実がすでに、彼らがユダヤ世界の辺境に位置する者であることを示していた。ホロコーストの直接的な影響を受けなかったユダヤ人たちは、ヨーロッパのユダヤ人社会の最良の部分は永久に失われたとひそかに思っていたが、これに加えて生存者は好ましからぬ手段で生き残ったのではないかという疑念も抱いていた。とくに、砂漠のような土地を開拓し、理想に燃えた社会作りに邁進してきた「新しいユダヤ人」（＝筋肉ユダヤ人）であるパレスチナのシオニストには、ドイツにユダヤ人が居残るということはどうしても受け入れられなかった。ドイツのユダヤ人は、諸国家の客人として他民族の善意を請うて生きてきたディアスポラ・ユダヤ人（離散ユダヤ人）の最たるものに思われた。彼らは否定されるべき過去を体現する、ユダヤ人国家のアンチテーゼであったのだ。ドイツはディアスポラ諸国家のなかでも最下位に位置づけられた。つまり、ドイツに住むユダヤ人は、ユダヤ世界のパリア（賤民）であった。

移住への最後通牒

一九五〇年七月半ば、ドイツからのイスラエル移住が滞っている状況に業を煮やしたユダヤ機関は、九月三〇日でミュンヒェンのドイツ代表部の移住事務局を閉鎖すると発表し、ドイツに残るユダヤ人に対して移住への最後通牒を突きつけた。ユダヤ機関は、建国前はパレスチナのユダヤ人社会の対外代表部であり、国家なき民の外交機関の役割を果たしてきた。一九六五年までドイツとイスラエルの間には国交がなかったため、ユダヤ機関が実質的な領事館として移住希望者の窓口となっていた。その事務局を撤退させるということは、ドイツのユダヤ人は六週間以内にスーツケースを詰めて出国せよ、その後移住への公的な援助は打ち切るという趣旨であった。

イスラエルの国会は、一九五〇年七月初頭、世界のユダヤ人はみなイスラエルへ移住する権利を持つという「帰還法」を制定している。ユダヤ人は聖書の土地イスラエルから世界中へ離散したのであるから、移住は「帰還」であるという認識に基づく。移住窓口が閉鎖され、すべてのユダヤ人に認められたこの権利が容易に行使できなくなるということは、ドイツ残留者は同胞よりユダヤ人とみなされなくなるので覚悟せよ、ということでもあった。

しかしゲマインデのユダヤ人には移住できない理由があった。ドイツには迫害から守ってくれた家族があり、仕事があり、知らない土地で新しい生活を始めるにはあまりにも年をとりすぎていた。人生の晩年を生まれ育った土地で過ごしたいというささやかな願いもあった。海外の同胞の強硬姿勢が、ドイツのユダヤ人に対する蔑視を伴っていることに、彼らの自尊心は傷つけられた。イデオロギーで他人の運命をも決定しようとするシオニストの姿勢に、ゲマインデのユダヤ人は反発した。もちろん、海外の同胞のなかには、ドイツに残るかどうかは個人の選択だと主張する者もいた。しかし彼らの声は、圧倒的な反ドイツ感情にかき消されていた。

消滅するはずであったゲマインデに存続への道を開いたのは、皮肉なことに、ドイツを単なる通過点と見なしていたユダヤ人DPであった。DPキャンプが閉鎖されたため、ユダヤ人DPは必然的にゲマインデに集まるようになった。ゲマインデは街に定住したユダヤ人DPを取り込み、人員を補給した。ユダヤ人DPはドイツ・ユダヤ人生存者と比べてかなり若く、キャンプで生まれた子供を連れていることさえあった。次世代を生み育てることができる層が、中高齢者中心のゲマインデに加わったことで、自然消滅が危惧されていたゲマインデの存続が保障されたのである。

ユダヤ人ＤＰの参加はゲマインデの構成を根本から変えた。一九四九年三月の時点で、ゲマインデにおけるユダヤ人ＤＰの割合五二パーセントに対し、ドイツ・ユダヤ人の割合四八パーセントと、ＤＰがすでに多数派を形成していた。ＤＰキャンプが多く存在した南ドイツではＤＰが圧倒的多数を占めており、特にバイエルンではその割合は九割を超えていた。逆にユダヤ人ＤＰそのものが少なかった北西部では、まだドイツ・ユダヤ人が優勢であった。ゲマインデの平均年齢は一九四七年に五五歳であったが、一九五九年には四七・一歳と、相当な若返りが見られた。

戦後のゲマインデは、混合婚のユダヤ人を中心とするドイツ・ユダヤ人生存者に海外からの帰国者が加わり、さらにドイツに残留した東欧出身のユダヤ人ＤＰが加わってできたものである。これは、言語・習慣、ナチ時代の迫害体験など、異なった背景をもつ人々が集まった非均質的な集団であった。

この新しいユダヤ人社会に特徴的な点がいくつかある。まず、宗教的な特徴であるが、ゲマインデの多数派となったユダヤ人ＤＰは宗教的には正統派に属していた。改革派のユダヤ人は正統派のシナゴーグで祈ることができるが、規律がゆるい改革派のシナゴーグで正統派のユダヤ人は礼拝ができない。大は小を兼ねるという意味で、ゲマインデは正統派を基準にせざるを得ない。こうして正統派が主流となった戦後ゲマインデでは、戦前のドイツ・ユダヤ人社会の特徴であった改革派の伝統は姿を消した。改革派のシナゴーグでのオルガン演奏はなくなり、女性は男性とは別に、専用に設けられた席で礼拝するようになった。ベルリンのペスタロッチ通りのシナゴーグが、唯一改革派のシナゴーグとして残った。

次に、アイデンティティにおける変化であるが、DPはイディッシュ語やポーランド語を母語とする人々であり、ドイツ語・ドイツ文化と自己を強く結びつける傾向は弱まった。ヒトラー以前のドイツ・ユダヤ人社会においては、自らを「ユダヤ教徒のドイツ市民」と定義する者が多くいた。自分たちがほかのドイツ人と異なるのは宗教だけだという意味である。このように考えるユダヤ人は、戦後のゲマインデでは姿を消した。ドイツ生まれであっても、自分をドイツ人であると考えることはもはや不可能になっていた。ラビのレオ・ベックが言ったように、ドイツとユダヤの間の溝はあまりにも深かったのである。

ヴォルハイムとアウアーバッハ

戦後ユダヤ人社会の確立過程において、中心的な役割を担った二人の人物がいる。イギリス地区のゲマインデ代表であったノーベルト・ヴォルハイム（一九一三―一九九八）と、バイエルン・ユダヤ人社会の指導者であったフィリップ・アウアーバッハ（一九〇六―一九五二）である。彼らはともにアウシュヴィッツ生還者であった。対照的な二人の戦後の軌跡をたどってみよう。

ノーベルト・ヴォルハイムは、一九一三年四月二六日ベルリンで生まれた。大学で法律と経済学を学び始めるが、すぐにナチの登場で学業を中断された。ユダヤ人の社会福祉にかかわるようになり、「キンダー・トランスポート」と呼ばれたイギリスやスウェーデンへの子供だけの移住を組織した。しかし開戦で移住はストップし、その後ベルリンで強制労働に従事させられる。一九四三年三月、ゲシュタポに逮捕され、妻と三歳の息子、妹とともにアウシュヴィッツへ移送された。イー・ゲー・ファルベンの工場での奴隷労働へ「選別」されたヴォルハイムは、ここで家族と引き離され、二度と会うことはなかった。一九四五年一月、アウシュヴィッツを連れ出され、貨車に詰め込まれてマウトハウゼン強制収容所へ送られたが、収容能力の限界を理由に受け入れを拒否されたため、列車はさらにベルリン近郊のザクセンハウゼンへと向かった。ソ連軍がベルリン目前まで迫ったため、ここからさらに西へ徒歩で行進させられた。五月三日、ついに脱走に成功し、シュヴェーリン付近でアメリカ軍に保護された。

リューベックに落ち着き、ここでゲマインデを結成したヴォルハイムは、すぐにイギリス地区のユダヤ人指導者と目されるようになる。リューベックはソ連地区を嫌って西へ移動してきたユダヤ人DP中心のゲマインデであった。ドイツ・ユダヤ人のゲマインデが東欧出身の同胞から距離をおくなか、ヴォルハイムにとっては両者の区別はなかった。「ドイツ・ユダヤ人だとか東欧ユダヤ人だとかいった出身は関係なかったし、区別しようとも思わなかった。われわれはみなユダヤ人であり、自身をただ単にユダヤ人と理解していた」と、ヴォルハイムは後のインタヴューで語っている。このような同胞意識がユダヤ人DPの中心地であったベルゼンとの緊密な連携を生んだ。ヴォルハイムはユダヤ人DP中心の組織であるイギリス地区解放ユダヤ人中央委員会の副会長を務め、同時にドイツ・ユダヤ人ゲマインデの代表となった。

ヴォルハイムは、ドイツでユダヤ人社会が存続することには否定的であった。イギリス地区におけるゲマインデの再建はヴォルハイムなしには語れないが、彼自身はドイツにユダヤ人の未来があるとは考えていなかったのだ。それなのにゲマインデ再建に関わったのは、ドイツに住んでいるというだけで海外の同胞からいわれのない差別を受ける理由はないと思い、自分が移住する前に年老いたユダヤ人が人生の晩年を安心して過ごせるような場所を用意する責任があると感じたからであった。

一九五〇年七月一九日、ドイツのユダヤ人ゲマインデを統括する「ドイツ在住ユダヤ人中央評議会（Zentralrat der Juden in Deutschland）」（以下、中央評議会）が設立された。これは、その名が示すように、ドイツに暮らすユダヤ人（Juden in Deutschland）の組織であり、ドイツ・ユダヤ人（deutsche Juden）の組織ではない。ゲマインデ参加者の半数以上が東欧出身の元ＤＰで占められるために、戦前のようにドイツ・ユダヤ人の集まりとは呼べなかったのである。

中央評議会の設立は、海外ユダヤ人団体の援助なくしては全く立ちゆかなかった弱小ゲマインデが、初めてドイツでの自らの存在を肯定し、自己主張を開始した瞬間であった。数日前には前述のように、ユダヤ機関がドイツに暮らすユダヤ人へ移住への最後通牒を出したばかりであったからだ。解放ユダヤ人中央委員会という強力なＤＰ組織がある手前、これまでもゲマインデのユダヤ人を代弁する機関を持つ必要性は指摘されていた。しかし、ゲマインデの中央組織を持つことは、ドイツでのユダヤ人社会存続への意思表明でもあったため、はばかられていたのである。だがユダヤ人ＤＰの大半が移住し、海外のユダヤ人組織が次々と撤退していくなか、ユダヤ人の福利厚生がドイツ行政の責任へ移行するのは不可避であり、行政に対してユダヤ人としての統一的な意思表示を求められる機会は増えていた。

中央評議会の事務総長には、弁護士のヘンドリーク・ファン・ダムが就任した。彼は移住先のイギリスからユダヤ人救援部隊の法律顧問としてドイツに戻っていたのである。補償問題に精通するファン・ダムは、生活再建の手段を補償に大きく依存する集団を率いるには最適の人物であった。

ヴォルハイムも中央評議会の理事会に名を連ねたが、ユダヤ人中央組織の設立をゲマインデ再建の一つの区切りとみなしたヴォルハイムは、一九五一年九月、再婚した妻とその間に生まれた子供たちとともにアメリカに移住した。瓦礫のなかでゲマインデを立ち上げた指導者たちが次々と移住した後、ヴォルハイムもついにドイツを去ったのである。

ヴォルハイムは移住の少し前、アウシュヴィッツ＝モノヴィッツのブナ工場で奴隷労働をさせられたイー・ゲー・ファルベン社を相手に、損害賠償請求を起こす準備をしていた。アメリカ軍によるニュルンベルク継続裁判で、イー・ゲー・ファルベンの役員らは強制収容所の囚人の経済的搾取・虐待などで一九四七年に有罪判決を受け、服役していたが、大半は一九五〇年夏前には出所していた。連合軍によってイー・ゲー・ファルベンは複数の会社へと分解されて、「イー・ゲー・ファルベン清算会社」と名を変えていた。一九五一年一一月三日、ヴォルハイムとその弁護人は、約二〇か月の劣悪な環境での奴隷労働に対して、一万マルクの慰謝料を求めてフランクフルト地方裁判所に提訴した。民間企業による強制労働の使役が国による「押し付け」であったと堂々と主張されていた時代に、勝つ見込みのないといわれた訴訟を起こしたのである。

ところが裁判所は、一九五三年六月、請求どおりヴォルハイムに一万マルクの慰謝料を認めた。イー・ゲー・ファルベン側は控訴したが、ヴォルハイムに続き多くの元奴隷労働者が提訴する構えを見せたため、ユダヤ人元奴隷労働者とまとめて和解するほうが得策と判断し、一九五七年二月、「人道的な観点から」三千万マルクをユダヤ人側へ支払うことに同意した。ヴォルハイム個人の訴訟が、似たような苦痛を味わった多くのユダヤ人の救済へ道を開いたのであった。

ヴォルハイム裁判は、最初に奴隷労働に対する請求が認められたケースとして記憶された。移住先でもユダヤ人社会に積極的に関わり続けたヴォルハイムは、一九九八年一一月一日、八五歳でニューヨークに没した。

戦後ユダヤ人社会の確立に中心的な役割を担ったもう一人の人物、フィリップ・アウアーバッハは、ハンブルクで化学製品を扱う実業家の家に生まれた。両親は敬虔なユダヤ人で、幼いころは宗教学校にも通った。ヒトラーの政権掌握後、一九三三年にベルギーに移住し、アントウェルペン周辺で化学製品の輸出入事業をおこして二〇〇〇人もの従業員を抱えるほどになったが、ベルギーがドイツに占領されると逮捕されてフランスに送られ、抑留された。一九四二年末にゲシュタポに引き渡され、一年ほどベルリンで警察の通訳として使われた後、アウシュヴィッツに送られた。最後はブーヒェンヴァルトでアメリカ軍に解放された。その後デュッセルドルフに落ち着き、当地のゲマインデ結成に中心的な役割を果たし、ノルトライン州ゲマインデ連盟の会長となった。一九四五年九月、ノルトライン政府によりナチ体制の犠牲者を担当する部署に起用されるが、アウアーバッハの強引なやりかたに多くの苦情が寄せられたため、その年の終わりに軍政府から罷免された。一九四六年九月にバイエルン州の「人種・宗教・政治的理由によるナチ体制被迫害者のための国務委員」（肩書きは後に「州補償局長官」に変更）に抜擢されてミュンヒェンに移ったが、実はイギリス地区から事実上追い出されて転出したのであった。

バイエルンに移ったアウアーバッハは、ナチ体制の犠牲者の援助と補償のために精力的に活動した。ゲマインデのドイツ・ユダヤ人だけでなく、キャンプのユダヤ人DP、さらには社会主義者や共産主義者などのユダヤ人以外のナチ犠牲者の生活全般に対しても責任を負ったため、アウアーバッハは広い範囲で影響力を持つようになった。またアメリカ地区では一九四九年八月、強制収容所での抑留や健康・身体の被害に対する最初の補償法が制定されたが、その対象にはアメリカ地区に流入したユダヤ人DPも含まれたため、アウアーバッハの補償局を通した補償金の給付は彼に大きな権力を与える結果となった。

ユダヤ人社会でのアウアーバッハは、バイエルン州ゲマインデ連盟の会長として誰もが認める強力な指導者であった。それは、ゲマインデを解体してすぐ移住せよという海外の同胞の要求を、正面から拒否できる数少ない人物であったからだ。シオニストにあらずんばユダヤ人にあらずといわれた時代である。みながユダヤ人国家の建設というナショナル・プロジェクトを最優先するなか、アウアーバッハはドイツを生活の場とする者たちの利益を主張したため、海外のユダヤ人組織と衝突することも少なくなかった。

一九五一年三月、アウアーバッハは公金流用、博士号の不正使用、収賄、文書偽造などの嫌疑で勾留された。ドイツにとどまる意思はなく、補償金の給付を得て早く移住したいユダヤ人DPに便宜を図るために、虚偽申請などの不正を行なっているというわさは以前からあった。ユダヤ人がナチによりこうむった苦痛を思えば、虚偽申請程度のことは許されるとユダヤ人の多くが考えていた。実際にアウアーバッハは、補償申請に際してユダヤ人DPに便宜を図ることもあったようだ。ただこれはアウアーバッハの私腹を肥やすためではなく、あくまで同胞に対する援助だと理解されていた。またDPの移住を促進するために迅速な補償給付を行なうアウアーバッハの行為は、ユダヤ人DPに早く出て行ってもらいたいバイエルン州政府の利益と合致するものでもあった。

アウアーバッハの逮捕と裁判で浮き彫りにされたのは、バイエルン州の政治・司法に深く根を下ろした反ユダヤ主義であった。新聞はこぞって強大な権力を手にしたユダヤ人の失墜を書きたてた。キリスト教社会同盟の大物政治家で当時バイエルン州政府の法相でもあったヨーゼフ・ミュラーが反アウアーバッハの先頭に立ち、この件を担当する裁判官の五人中三人が何らかのナチの過去をもつ人物であった。そのためアウアーバッハ支持者は、反ユダヤ主義的な見せしめ裁判であると反発した。一九五二年八月一四日、アウアーバッハは二年半の自由刑と二七〇〇マルクの罰金刑の判決を受けた。だが、有罪判決のもととなった罪状は、博士号の不正使用とほかに一、二の軽罪のみであった。公金横領や収賄については立件されていない。無実を訴え続けたアウアーバッハは、その二日後、獄中でひそかにためこんでいた睡眠薬を多量に飲み自殺した。

アウアーバッハの事件は、戦後のユダヤ人社会が経験した最初の大きなスキャンダルであった。ホロコーストの記憶がまだ新しいうちに、ユダヤ人社会から逮捕者を出したという事実は、ナチズムの犠牲者としてユダヤ人に与えられていた一種道徳的な権威を危うくするものであったからだ。アウアーバッハを個人的に知る人物は、彼はさまざまな意味でホロコーストの生き残りであったと語ったが、これは核心をついている。生き残るためには手段を選べなかった経験はどこかでアウアーバッハの人格を破綻させており、独裁の時代が終わっても、規則の軽視という形でその行動様式を支配していた。この後、ユダヤ人社会は第二のアウアーバッハを出さないようにその内部を管理することが課題となった。そのために必要とされたのが、厳格な、時には権威主義的な指導者であった。それがヴォルハイムとアウアーバッハ後のユダヤ人社会を率いる人物として登場する、ベルリンのハインツ・ガリンスキーであった。

四　死者の財産は誰のものか

ユダヤ人継承組織

戦後、ユダヤ人社会が対処を迫られた大きな課題の一つに、崩壊した戦前のドイツ・ユダヤ人社会が残した財産をいかに処分するかという問題があった。

ナチ体制下でユダヤ人財産はたいてい不当に「アーリア化」されたため、連合軍は財産を正当な所有者に返す目的で各地区で返還法を施行した。一九四七年一一月一〇日にアメリカ地区とフランス地区でそれぞれ返還法が公布され、一九四九年五月一二日にイギリス地区も続いた。しかし、問題が一つあった。財産所有者が生存している場合は当然本人が返還を請求できたが、ユダヤ人がその家族・親類もろとも殺害され、相続人が誰一人残されていない財産が多くあったのである。

相続人不在の財産は、通常国庫に帰属する。これは、古今東西を問わず広く見られる法的慣行である。死者がよみがえることはありえないため、国という第三者が代わりの相続人として登場するのである。しかし、ホロコーストのような大量殺戮の場合は、通常の法的処理の範疇を明らかに越えていた。特にドイツの場合は、第三帝国の法的継承者であるドイツ諸州が、自ら手にかけた者の財産を相続するなど、政治的にも道義的にも許されることではなかった。

このようななか、パレスチナやアメリカのユダヤ人社会の指導者は、ドイツに限らずヨーロッパ中の相続人不在のユダヤ人財産は、犠牲者全体に属すると主張した。ユダヤ人は「ユダヤ系ドイツ市民」「ユダヤ系ポーランド市民」として殺されたのではなく、ナチの定義するところの「ユダヤ人」として国籍に関係なく殺されたのだから、国籍に基づく財産の国庫帰属は不適切だという論理である。したがってそれらの財産は同じように迫害対象とされたユダヤ人同胞、ひいては「ユダヤ民族」全体が相続すべきであると主張した。財産をホロコースト生存者の救援資金にすることができるからだ。

興味深いのは、ここでは「ユダヤ民族」という、以前ではユダヤ人自身がその存在に議論の余地があるとしてきたものが、国籍を越える上位概念として位置づけられ、これが法的人格を持つものとして理解されていることだ。かつてなら、「ユダヤ民族」という言葉の使用自体に反対するユダヤ人もいただろう。政治的同権を享受する西欧のユダヤ人にとっては「ユダヤ人」とはむしろ宗教的な区分であったからだ。

こうした政治的同権に基づく西ヨーロッパ的な自己理解はホロコーストで大きく後退した。

ユダヤ民族という超国家的な集団の存在をユダヤ人自身が肯定し、その権利を主張したという点で、これはフランス型の近代国民国家の理念——人はみな人種や宗教に関係なく市民として法の前に平等であり、それゆえに国家に帰属するという考え——からの脱却を意味していた。「ユダヤ人の財産はユダヤ民族に帰属する」という、ある意味で「個人」不在の集団主義的な主張は、国民や民族の一体性を語る強いナショナリズムと結びついている。そこには、ユダヤ世界がホロコーストを契機に大きくシオニズムに傾斜した背景があった。

しかし、相続人不在のユダヤ人財産をまとめてユダヤ民族の代表に委託し、これで世界中のホロコースト犠牲者の救援を行なうという主張が、ヨーロッパ諸国の政府に受け入れられるはずはなかった。第一に、国際法の慣行において明確な国境と領土を持たない「民族」は、法的主体として認知されていない。第二に、財産の国庫帰属は主権国家の正当な権利であり、戦争で荒廃した国々では、所有者のいないユダヤ人財産は経済再建の貴重な財源でもあった。このため一般に東欧諸国では、まずナチにより強奪されたユダヤ人財産は終戦時にドイツ資産として国の管理下に置かれ、その後共産主義体制のもとで国有化されて社会主義経済に組み込まれていった。

先に述べたように、ドイツでは事情が異なっていた。迫害者がその犠牲者の財産を相続することは許されないからだ。そのため、アメリカ軍政府は返還法（軍政府法律第五九号）を公布した際、相続人不在のユダヤ人財産の国庫帰属を停止し、財産を犠牲者の側に託すために、財産の相続人となるユダヤ人継承組織の設立を定めた。継承組織は、死亡した財産所有者に代わって財産の返還を請求し、返還された財産を管理運営し、最終的に売却してその収益をホロコースト生存者の援助のために分配する。信託会社のようなものである。こうしてアメリカ地区で「ユダヤ人返還継承組織（Jewish Restitution Successor Organization）」（以下、返還継承組織）が最初のユダヤ人継承組織として一九四八年六月に認可された。イギリス地区でも、一九五〇年八月に「ユダヤ人信託法人（Jewish Trust Corporation）」が生まれた。アメリカ地区と同日に返還法を施行していたフランス地区では、かなり遅れて一九五二年三月にユダヤ人信託法人のフランス版である「ユダヤ人信託法人フランス部門（Branche Française de la Jewish Trust Corporation）」が認可された。

重要なのは、これら三つの継承組織はドイツで活動するとはいえ、ドイツのユダヤ人による組織ではないことだ。これらは世界の主要なユダヤ人団体が参加する上部組織で、返還継承組織はアメリカに、ユダヤ人信託法人はイギリスに、そのフランス部門はフランスに本部を置き、ここからドイツの各地区へ人員を送り込むのである。その意味でこれはユダヤ世界の利益を代弁するものである。

継承組織が実際にどのような活動をしたのか、アメリカ地区の例をとって見てみよう。ユダヤ人財産の返還を求めるといっても、当の所有者がもはや生存しないのだから、その財産を見つけるのは簡単なことではない。そもそも絶滅収容所では死亡証明書など発行されなかったから、ユダヤ人の死亡を確定するのは困難であり、またその血縁者が海外のどこかにいないかを調べるのはさらに困難であった。このため返還継承組織は土地台帳や税務署の記録、強制収容所への移送リストなどをつきあわせて調べて、財産の強制的な「アーリア化」が疑われるケースを探した。しかし、動産・不動産あわせるとその数は相当なもので、一件ずつ調べていたらきりがない。結局、一九三三年から四五年の間に所有者に変更のあった財産で、以前の所有者の姓名が「ユダヤ的」なものであれば、とりあえずすべて請求することにした。期限内に申請しておけば、もし後で所有者の生存が確認されても、また申請した財産の所有者がユダヤ人でなかったことが判明しても、請求を取り下げればよいだけだが、申請しなければ財産を取り戻す機会は永久に失われてしまうからである。なかにはこんなエピソードもある。返還継承組織がかつてアルフレート・ローゼンベルクという名の人物が所有していた邸宅を、その名前からユダヤ人であろうと推測して請求したところ、実はナチのイデオローグとして名高い例のローゼンベルクであったと後に判明したという。

このような試行錯誤を繰り返し、返還継承組織は請求期限までのわずか四か月で、一六万件を超える申請を行なった。締め切り直前には、三〇〇人以上の現地スタッフを雇って、八時間ずつの三シフトで文字どおり一日二四時間請求書類を作成し、締め切り日当日にはアメリカ軍の救急車で書類を申請窓口に持ち込んだのであった。

財産の返還後、返還継承組織はそれらをできるだけ早く売却した。不動産は管理維持費用がかかるため、早急な現金化が望まれた。収益は主にジョイントとユダヤ機関の二つの救援組織に分配された。ホロコースト生存者援助にとにかく金を必要としていたユダヤ人救援団体にとって、ドイツでの返還は重要な資金源となった。返還による収益の配分は、困窮度の高い者の援助が優先されるという原則に基づいていたから、その約六割はホロコースト生存者を多数受け入れたイスラエルで使われた。

ユダヤ機関はこの資金で、イスラエルに次々と到着する移民のためのプレハブ住宅を最初に購入した。当時イスラエルでは移民の急激な増加で住宅不足が深刻となり、テント暮らしを強いられる者も少なくなかったのだ。その後は、老人ホーム、病院、障害者施設等の建設・拡充、ホロコースト生存者が入植した地域での灌漑施設の整備など、さまざまな福祉目的で使われた。

ジョイントはヨーロッパのユダヤ人DPキャンプの運営と、イスラエル外のホロコースト生存者の直接的な援助に資金を投入した。ゲマインデのユダヤ人も、その援助対象であった。イギリス地区のユダヤ人信託法人、そのフランス地区の姉妹組織も、大筋で返還継承組織と同じように請求を行ない、財産の返還を受け、収益を分配した。

こうしてドイツ内の相続人不在のユダヤ人財産の大半は、国外に移され、犠牲者の援助に形を変えた。その受益者はドイツ出身のユダヤ人に限られず、さらにナチの迫害を受けた者にも限られない。イスラエルの建国により近隣のアラブ諸国でユダヤ人が迫害され、アラブ系のユダヤ人難民が発生したが、こうしたホロコーストとは直接に関係のないユダヤ人の援助にも、継承組織の収益は使われた。

ここには強力な同胞意識に基づいた集団的所有の概念が浮き彫りにされている。これは、死せるユダヤ人の財産は生けるユダヤ人の役に立つべしという、集団主義的な福祉の理念と対になっている。ホロコーストでユダヤ民族が存続の危機にあるという認識のもと、集団の維持がもっとも重要であるという理解から、生活援助という形ではあるが、死亡したユダヤ人の富が再配分されているのだ。つまり、ドイツの西側占領地区という限定された地域のユダヤ人財産は、ユダヤ民族全体により「民族資産」として相続されたのである。民族による財産の継承という、理論上でしかありえないと思われたことが実現されたのである。

ゲマインデ公共財産をめぐる争い

相続人不在という状況は、個人財産に限ったことではない。ヒトラー以前のドイツには、シナゴーグ、墓地、コミュニティ・センター、老人ホーム、学校など、五〇万人を超えるユダヤ人社会に供する公共財産があった。ゲマインデだけでなく、政治組織、文化団体、慈善協会など、さまざまなユダヤ人公益団体が所有する財産もあった。だが、かつて存在したゲマインデやユダヤ人団体の大半は再建されることはなかった。つまりその残した公共財産を使用する後継者はいなかったのだ。

歴史的には、一九三八年三月二八日の法律により、ゲマインデは公法上の団体、つまり宗教法人としての地位を剝奪され、単なる私的な団体に格下げされた。そして一九三九年以降にゲマインデが「ドイツ在住ユダヤ人全国連合」に順次強制編入されていったことにより、法的主体としてのゲマインデは事実上解体された。戦後、返還法が施行された際、迫害で消滅したゲマインデやユダヤ人団体の財産の法的な継承者は誰かという問題がもちあがった。わずかに都市部で結成された小さなゲマインデが、戦前のものの後継者と言えるかは疑問であったからだ。この問題が持ち上がった当初、ユダヤ人生存者の大半はドイツから移住すると一般に考えられていた。そのため、継承組織が認可されたとき、これらは相続人不在のユダヤ人個人財産の継承者であると同時に、迫害で解体されたユダヤ人団体の公共財産の継承者でもあると定められたのである。

しかし、戦後ゲマインデはごく自然に、戦前ゲマインデの財産に対する権利を有すると考えていた。戦後ゲマインデは戦前から連続しており、法的にも同一の団体だと考えたからだ。実際に連合軍により差別的なナチ法が撤廃されたことで、ナチ法によって引き起こされたゲマインデの解体も、遡及的に無効になったと解釈することが可能になった。ゲマインデの解体という事実が存在しないのだから、継承者は誰かといった問い自体が成り立たないことになる。

このような認識の背景には、ドイツ・ユダヤ人生存者の第三帝国下での体験があった。すでに見たように、彼らの大半は「混合婚」という理由で収容所送りをまぬがれ、終戦までドイツ国内で生き永らえた者であった。彼らにとってドイツでの戦前と戦後の生活は明らかに連続していた。したがって、ゲマインデは「再建」されたのではない、中断することなく続いてきたのである。アメリカ地区のゲマインデ利益代表部は一九四九年八月、次のように決議している。「現存するユダヤ人ゲマインデは、旧ゲマインデと同一であることを明言する。いわゆるゲマインデの『解体』や『自己解体』は国家権力の濫用やその他ナチによる圧力によるものであったため、無効と見なし得る。実際に、ゲマインデが存在を停止したことはなかった」。

ゲマインデの公共財産とは、かつてドイツに暮らしていたユダヤ人が何世代にもわたって作り上げてきたものである。したがって、現在ドイツに暮らす者と、ドイツから移住した者には財産に対する正当な権利があり、財産の処分による収益配分の際は、自分たちが優先されて良い、というのがゲマインデの論理であった。

ゲマインデがこのように主張したのは、明らかに経済的な理由があった。ゲマインデに高齢者が多く社会福祉の負担が大きいことに加え、ジョイントからの援助は無期限ではないため、ゲマインデの収入源を確保し、早期に経済的自立を達成する必要があった。そのためにゲマインデは定期的な家賃収入が望めるような、またいざというとき売却して負債を埋められるような不動産を保持しようとしたのである。当然のことながら、不動産の確保はゲマインデが存続する前提でもあった。祈る場所や集う場所のないゲマインデに、人は集まってこないからである。

継承組織はこのようなゲマインデの主張を受け入れなかった。第一に、戦後ゲマインデの規模は戦前のものの一〇分の一にも満たず、このような少数集団に多くの公共財産は必要ないと考えた。ゲマインデが消滅せずに存続するとしても、残るのはキリスト教徒と結婚したユダヤ人ばかりだろうから、次世代がユダヤ教徒である保証はなく、そのような集団に多大な財産を残すのははばかられたのである。第二に、戦後ゲマインデはドイツに残留したユダヤ人DPを多く取り込んでできた新しい集団であり、人的な連続性を欠く。したがって戦前からの法的連続性という主張は受け入れられない。第三に、世界中で多くのホロコースト生存者が生活に窮する状況では、必要以上にゲマインデに財産を残すことは、本当に援助されるべき人々が犠牲になることを意味した。そのため、ゲマインデが最低限必要とするシナゴーグやコミュニティ・センターなどのほかは、早急に売却して収益を分配するつもりであった。継承組織は迫害されたユダヤ人すべての利益を代弁すると謳っていたから、一部の集団の特別な要望を認めるわけにはいかなかったのである。

アウクスブルク裁判

継承組織とゲマインデの対立は、アメリカ地区においてもっとも顕著に現われ、ユダヤ人同士がドイツの法廷で争うという事態に発展した。戦後、三五人ほどのドイツ・ユダヤ人により結成されたアウクスブルク・ゲマインデが、その連続性を主張して公共財産の所有権に固執したため、返還継承組織との裁判になったのである。第三審まで争われた一連の裁判では、戦後のアウクスブルク・ゲマインデが戦前からの連続性を保っているかが争点となった。つまりゲマインデの「ドイツ在住ユダヤ人全国連合」への「編入」が、その「解体」を意味したかどうかという点である。ゲマインデの「解体」が実際に起こったのだとすると、返還法の規定により返還請求権はほかの誰でもなく返還継承組織のみに帰すことになる。したがってこれは戦後ゲマインデの法的アイデンティティを明らかにする裁判であった。

一九五三年二月、第一審のアウクスブルク返還裁判所は、戦後ゲマインデは戦前と同一の公法上の団体としてよみがえったという意見を支持する部分判決を下した。その根拠は、アウクスブルク・ゲマインデを再び宗教法人として登録する必要があるかという問いあわせに、関係省庁が、戦前と戦後のゲマインデの同一性を理由に必要なしとする見解を示した事実であった。これに対し返還継承組織はすぐさまミュンヒェンの上級地方裁判所に控訴したが、ここもゲマインデの存在はナチ時代も中断されることはなかったという理由で、同年六月に訴えを棄却した。つまりゲマインデはナチ体制下で衰退したが、完全に解体されることはなかったため、財産の継承は問題にならないというのである。

この判決は、ユダヤ世界に大きな波紋を呼んだ。ユダヤ人同士のもめ事は、ユダヤ人の間で解決されるべきと多くのユダヤ人が考えていた。よりにもよってドイツ人の面前でユダヤ人が争うなど、耐えがたいことであった。また継承組織の設立は、これがナチの迫害を受けたすべてのユダヤ人を代弁することを前提にしていただけに、対抗する継承者として名乗りをあげたゲマインデの行為は、この大前提への異議申し立てであり、この主張が認められれば継承組織の存在そのものが正当性を失うことになりかねなかった。

返還継承組織は、地区における返還問題に関する最高裁判所である返還控訴裁判所に控訴した。この裁判所は、アメリカ軍の司法に属する。ドイツ法廷であった第一審、第二審とは異なり、裁判官もアメリカ人である。一九五四年一〇月二九日、返還控訴裁判所は、ゲマインデの全国連合への「編入」が、確実にその法的権能の喪失をもたらし、その意味では明らかにゲマインデの「解体」であったとする見解を示し、先の二つの判決を退けた。

この「アウクスブルク判決」により、戦前と戦後のゲマインデの間の法的断絶は決定的となった。これ以後、ゲマインデが法的継承者の名のもとに財産の返還を求めることは事実上不可能となった。そのため、いったん継承組織に返還された財産が、必要に応じてゲマインデに譲渡された。一般に、ゲマインデが実際に使用する不動産や、宗教用具などの動産は譲渡され、ゲマインデがその法的な所有者となった。特定の不動産については、使用権のみがゲマインデに与えられることもあったが、一定の年数を経れば、所有権がゲマインデに移行すると最初から合意されているケースも少なくなかった。ゲマインデは譲渡された財産を継承組織の同意なしで抵当に入れたり、売却することは禁じられていた。さらにゲマインデが将来、メンバーの減少で解体される場合、これはユダヤ教の礼拝に必要な一三歳以上の成人男性の数が一〇人以下になるときを指したが、公共財産は継承組織へ引き渡されることが合意された。

公共財をめぐって海外の同胞と争った経験は、ゲマインデのユダヤ人に苦い記憶として残った。連合国の司法によって確立されたゲマインデの「断絶」は、彼らの感情や歴史認識と合致しなかったのである。両者の確執から何十年もたった今でも、シナゴーグや学校などが継承組織により売却されたことを腹立たしく思っている人もいる。自分が幼い頃通ったシナゴーグが人の手に渡り、本来の用途から程遠いものに変わってしまったのだから。

この経験は、ゲマインデの政治的方向性に少なからず影響を与えたと思われる。終戦以来、海外の同胞に政治的にも経済的にも依存してきたゲマインデは、一九五〇年代半ば頃より今度はドイツの体制側へ接近し始める。ユダヤ人公共財産の問題に関しては、ドイツ行政は国際的な継承組織よりも、ゲマインデ側の利益擁護にまわる傾向があった。後述するが、ドイツ政府は国内のユダヤ人社会が存続することに重きを置いていたので、ユダヤ人公共財産がみな国外へ持ち出される事態は避けたかったのである。ドイツ行政のこのような姿勢は、ゲマインデ側から十分に意識されていた。アウクスブルク判決の後では財産権について係争の余地が残されていなかっただけに、政治的な手段によるゲマインデ財源の確保が望まれたのであった。

第三章　ドイツ社会のなかのユダヤ人

一四年間のアデナウアー政治を特徴づけたのは、ドイツの西側陣営への統合、国内の旧ナチ勢力の取り込みによる社会の安定、そしてユダヤ人との和解の三つである。西側の一員となることで安全保障を確保し、国内では極右・極左勢力を排除して「中道」的な社会を実現した。これによって可能となった経済発展が、補償の継続という形でユダヤ人に波及した。アデナウアー体制の確立は、国内のユダヤ人社会確立の必要条件であった。アデナウアー期に生まれたゲマインデと保守政権との関係は、戦後のドイツ＝ユダヤ関係の基礎となった。

しかし、保護し保護されるものという二者の関係は徐々に膠着し、ひずみが生まれるようになる。西ドイツ建国世代がその子供たちの世代にとって代わられ、ドイツ社会が大きな社会変革を経験したのと同様に、ホロコースト生存者によって作られたゲマインデの指導体制は、内側から変革を求める声により突き崩されてゆく。この章では、西ドイツにおけるユダヤ人社会のあり方、その特徴と問題性について考察する。

一　反ユダヤ主義と親ユダヤ主義のあいだ

「新生ドイツ」への失望

ホロコーストはドイツ人とユダヤ人の関係を根本から変えた。だが一二年間の反ユダヤ主義的プロパガンダによる教化から、市民が一夜にして解放されることはありえなかった。強制収容所の扉が開き、占領軍が近隣の住民たちを中に入れて死体の山のあいだを歩かせたとき、住民は目をそらして「知らなかった」を繰り返した。死体の山の写真とともに「これは君たちの罪だ！」と書かれたプラカードが立てられても、実際に自分になんらかの責任があると考える人間はほとんどいなかった。

確かにアウシュヴィッツのような絶滅収容所はドイツ国内にはなかったし、東部戦線の背後で行なわれたユダヤ人の大量銃殺を目撃した人間はごくわずかであった。しかし、戦場からの手紙や休暇で戻る兵士たちから東部で起こっていることについて聞き知っていた者はいたし、郊外の強制収容所の囚人が毎日工場へ行進させられる姿が目につかないわけはなかった。だが、迫害が自分の身に降りかかってこない限り、人々の「日常」は保たれていた。戦後明らかになったナチの巨大な犯罪は、第三帝国下の市民の日常体験と一致しなかったのである。だから人々はホロコーストを「総統」とその取り巻き、そして親衛隊などの暴力集団に帰して、自らを免責することができた。

ユダヤ人生存者に対するドイツ人市民の自発的な援助がごく一部でしか見られなかったのは、罪の意識が希薄であったことの裏返しであろう。ドイツの戦後は瓦礫の片づけで始まったのであり、誰もが日々の生活に汲々としていた。ドイツ東部領から逃げてきた被追放民、連合軍の爆撃による被災者、戦死した兵士の家族、戦争孤児――さまざまな犠牲者がそれぞれに自分たちの窮状を訴えていた。ヒトラーのドイツと運命をともにした大多数の「戦争被害者」に対して、ナチ体制の犠牲者は少数であった。被占領国民となり傷ついた自尊心に苦しむドイツ人の運命共同体に、連合軍の庇護を受けるユダヤ人は入っていなかったのである。

ヒトラーが敗北すれば、ナチズムに抵抗した「もう一つのドイツ」が社会の中心勢力となり、ドイツの民主主義的な再建にむけて国民を引っ張ってゆくだろうと考えていたユダヤ人は、そのような勢力の影響力がむしろ限定的で、国民の大半が罪から目をそらして私生活へ退却していることに失望した。それでもユダヤ人は、決してすべてのドイツ人にホロコーストの罪があるといった集団罪責論を支持していたわけではなかった。ドイツ人の「血」を理由に連帯責任を負わせることは、ユダヤ人を一人種として抹殺対象にした集団主義と大差ないと理解していた。実際に混合婚のユダヤ人や地下に潜伏した者たちは、ドイツ人の協力なしでは生き延びることはできなかったから、ユダヤ人は「もう一つのドイツ」の証人でもあったわけである。だが実際の迫害に加担した者は少数だとしても、それに対して反対の声を上げることなく傍観した者が社会の大部分を占めていたのは事実であった。彼らはその沈黙により迫害を許したのであり、その意味で共同責任を負っているとユダヤ人は考えた。しかし、ドイツ国民の道義的な責任を問う声は弱く、それは逆にユダヤ人の優遇をねたむ声や、ユダヤ人ＤＰの闇市関与を非難する声にかき消されていた。

撲滅されない反ユダヤ主義

終戦直後は、占領の開始とユダヤ人による報復への恐れから、暴力的な反ユダヤ主義は鳴りをひそめていた。だが一九四六、四七年になると、明らかな反ユダヤ感情の高まりが指摘されるようになった。アメリカ軍政府の一九四六年一二月の調査では、アメリカ地区の住民の一八パーセントが急進的反ユダヤ主義者に、二一パーセントが反ユダヤ主義者に、一九パーセントがナショナリストに、二〇パーセントが人種偏見のない者に分類され、反ユダヤ主義的な傾向は上昇していると結論された。これは、ユダヤ人墓地冒瀆事件の頻発に顕著に現われ、墓石が倒されたり、ナチの鉤十字が落書きされたりする事件は一九四九年までに一〇〇件以上記録されている。新聞には匿名でユダヤ人への憎悪をつづった手紙が寄せられるようになった。言葉による暴力だけでなく、ユダヤ人に対する実際の暴力も見られ、これは外見上ドイツ人とあまり区別のつかないドイツ・ユダヤ人ではなく、闇市などで実際に目につくユダヤ人DPへ向けられた。

戦後の反ユダヤ主義は、従来の人種的・宗教的な偏見を土台にしているが、本質的には新しい形態のものが生まれたといってよい。その特徴的な点が三つある。第一に、これはユダヤ人不在の反ユダヤ主義であることだ。ヒトラー以前は普通のドイツ人にも一人や二人のユダヤ人の知り合いはいたものだったが、戦後はそのような接点もなくなった。物理的な対象を失っても、反ユダヤ主義は存続した。これは抽象概念としてのユダヤ人へ向けられたルサンチマンであるといって良い。そのため、これが表面化する際には屈折した形態を伴うが、その典型がユダヤ人墓地の冒瀆であろう。ここでの墓石は、本来なら物理的な攻撃対象とされるユダヤ人の代替であるとも解釈できるが、もともと抽象へ向けられた感情であるため、ユダヤ人のシンボルとして認識できるものを攻撃しているとも言える。これと同じことは、シナゴーグの壁への反ユダヤ主義的な落書きについても言える。

戦後の反ユダヤ主義に特徴的な第二の点は、これがアウシュヴィッツゆえの二次的な反ユダヤ主義であることだ。ここにはユダヤ人による「搾取・陰謀」の犠牲者であったはずのドイツ人が、実は加害者であったという立場の逆転がある。犠牲者に与えられる特権へのねたみ、ホロコーストの罪を受け入れることへの拒否、さらに罪をとがめられることから生まれる相手への憎悪などが特徴だ。また、道義的な贖罪とは別に法的な救済が必要となるため、金銭的手段による補償を求められる側になった加害者が、犠牲者を逆恨みする例は少なくない。

補償に起因する反感は、戦後の反ユダヤ主義の中核をなしている。例を挙げれば、ナチ時代に「アーリア化」された財産の返還である。西側三地区では相続人のない財産についてはユダヤ人継承組織が相続人となったことは、前章で見た。これら「国際的」なユダヤ人団体から返還を求められたドイツ人の財産所有者は、全国でこれに対抗する利益団体を結成した。一九五〇年には各地の利益団体が統合されて全国組織が生まれている。「公正なる返還を求める全国連盟」という名を名乗ったこの団体は、ナチ支配という「時勢」に乗って財産を取得したドイツ人に厳しい返還法の廃止、もしくは大幅な変更を求めて州議会、連邦議会でロビー活動を行なった。その機関紙『返還』には、ユダヤ人継承組織は弁護士と銀行家から成るプロの集団で、「ひとの不幸」につけこんで金儲けをしているといった非難が繰り返されている。「不幸」とは結局ドイツが戦争に負けて、ドイツ人とユダヤ人の立場が逆転したことに尽きるのだが。

返還だけでなく、迫害による健康被害などに対する補償においても、ユダヤ人が制度を悪用しているといった非難が繰り返された。実際に発覚した二、三の補償金詐欺事件が、補償政策すべてを否定する根拠とされたのであった。

最後に、これは潜在的な反ユダヤ主義である。敗戦はナチズムの掲げた主義思想が全面否定されることを意味し、政治的な動員手段としての反ユダヤ主義はもはや居場所を失い、政治的主流からほど遠い極右勢力の専有となった。公的な場でユダヤ人に対する反感の表明が封じられたぶん、反ユダヤ主義的な感情は個人の領域へ退いた。常連ばかりが来る飲み屋でのユダヤ人ジョークのような、非公式な集まりで共有される私的な見解としてしか許容されなくなった。しかし、内心共鳴する人々が広範囲に存在しているという点で、それは大きな潜在力をもつものであった。一九五九年のクリスマスに、九月に落成したばかりのケルンのシナゴーグに鉤十字が落書きされるという事件が起こった。これに触発され、冒瀆事件は瞬く間にドイツ全土に広がり、一九六〇年一月末までに西ドイツでは七〇〇件もの類似事件が発生した。この事件の急速な広がりかたを見ても、潜在的な反ユダヤ主義が根強く広まっていたこと、これに外的な刺激が与えられたことで連鎖反応が起きたことがわかる。

親ユダヤ主義的とは

　国民の間には依然反ユダヤ感情が根強く残っていたが、政治のレベルでは西ドイツは反ユダヤ主義と積極的に戦う「反・反ユダヤ主義」を掲げることを半ば義務づけられていた。国際社会が、西ドイツ国内のユダヤ人はドイツの民主主義のリトマス試験紙であると見なしていたからである。もし反ユダヤ主義やナショナリズムが克服されなければ、ドイツからユダヤ人は去ってゆくであろう。逆にここでユダヤ人社会がよみがえり、海外に移住したユダヤ人が戻ってくるようなことがあれば、それこそ西ドイツに民主主義が根づいた証拠である。

　国内のユダヤ人社会をドイツの政治的転向のバロメーターとする見方は、ドイツ人の「再教育」を占領政策の柱の一つとしたアメリカ軍により前面に押し出された。一九四九年七月、ハイデルベルクで「ドイツのユダヤ人のこれから」と題した会議が開かれたが、この席でアメリカ高等弁務官マックロイは、ユダヤ人の処遇は「ドイツが光に向かって進むかどうかを示す試金石の一つであり、また試練となる」と語っている。そのため西ドイツ政府にとって国内のユダヤ人社会の存在は、まず国際政治的な価値をもつものであった。これを保護し、支援することが国益に合致すると考えられるようになった。

　こうした政府が示す理想と、反ユダヤ主義が克服されていない現実との落差は、「反・反ユダヤ主義」を「親ユダヤ主義」へと変容させた。親ユダヤ主義はナチズム否定の一形態として理解され、ユダヤ人に関するものをすべて肯定することが反ナチ姿勢の証明であるかのようにみなされるようになった。しかし、親ユダヤ主義は反ユダヤ主義の対極にあるようで、実は後者の下地の上に生まれたものである。たとえば、宗教的寛容を説いたレッシングの戯曲『賢者ナータン』が、教育的な観点から盛んに上演された。ユダヤ人ナータンのモデルは一八世紀の思想家、モーゼス・メンデルスゾーンであるが、ここでユダヤ人には「啓蒙」「寛容」「普遍的価値」といった肯定的な資質が帰された。したがってユダヤ人を擁護する者は、これらを持ち合わせる人間だということになる。だが、ナチ時代にはこの「ユダヤ人に特有な」資質が違う言葉で、たとえば「地に根ざさない国際性」などとして否定的な価値を付与されていたことを思い出す必要がある。また戦後になってドイツ文化へのユダヤ人の貢献が盛んに語られ、アインシュタインやハナ・アーレントなどドイツが「失った」知性が惜しまれた。しかしこれはヴァイマル文化がユダヤ人知識人に牛耳られたユダヤ文化と揶揄されたことを思い返すと、その裏返しであることが分かる。

ナチズムの終焉は反ユダヤ主義の終わりを意味しなかったし、公的な場で掲げられた親ユダヤ主義が、ユダヤ人の味わった苦しみを理解しようとする真摯な贖罪の気持ちから生まれたわけでもなかった。国民の間には、ヒトラー後のドイツに生きる以上、「親ユダヤ」でなければならないという了解があり、これに反することが「タブー」とされただけだった。要は、反ユダヤ主義は箱の中にしまいこまれ、それに政府が上から親ユダヤ主義の重しをして飛び出さないようにしているだけだったのだ。

二　アデナウアー体制とユダヤ人

旧ナチの統合による社会の安定化

「ヒトラー後のドイツ」のユダヤ人社会が有する外交上の宣伝効果とは対照的に、現実の国内政治においては、ユダヤ人は重要な要素だとは見なされていなかった。それは、絶対数の少ないユダヤ人の対極に、多くの「戦争被害者」がいたからであった。被追放民や戦没兵士の家族など、実に多くの人々が生活に困窮し、何らかの援助を必要としており、アデナウアー政権にとってはこれに対処するほうがはるかに重要であった。この集団は自分たちの窮状がドイツの敗戦に起因すると考えており、戦勝国に対する反感も強く、状況によっては民主主義に対する脅威に変容しかねない要素であった。アデナウアー政権の課題は、こういった人々に生活の保障を与え、社会の主流に取り込み、最終的に無害化することであった。

このような層を意識した政策は、一九四九年末の最初の恩赦法（刑免除法）の公布に始まり、一九五〇年代に入ると矢継ぎ早に法制化され実施された。戦争捕虜の家族や帰還兵の支援のための法律が続き、一九五〇年一二月には非ナチ化が終了した。そして一九五一年五月のいわゆる「一三一条執行法」により、非ナチ化で失職した公務員や職業軍人の社会復帰が実現した。さらに西ドイツ人口の二〇パーセント近くを占めるといわれた、最大の「戦争被害者」の集団である被追放民についても、一九五三年五月の「連邦被追放民法」がその社会統合のためのさまざまな措置を可能にした。

そして一九五四年七月、連邦議会は、国家崩壊という異常事態において職務上の命令を受けて行なわれた犯罪はすべて三年以下の刑にするという、第二の「恩赦法」を可決した。これにより、事実上ほとんどのナチ犯罪者が恩赦の対象となり、早期に出所してきた。その後も立法は続いた。

こうしてナチズムの熱心な追随者を少なからず含むさまざまな「戦争被害者」が、社会の主流に復帰してきた。戦後有罪判決を受けて服役していた親衛隊員や強制収容所の看守らが恩赦で出所し、その遅い社会復帰ゆえに国からの生活補助を受けたり、強制収容所で人体実験を行なった医師らが、医師免許を剝奪されることなく戦後も医療行為を行なっているような例は数知れなかった。

　アデナウアーの政策の真髄は、重大な罪を犯した者以外は大目に見て、国民の政治的転向を促すことにあった。重要なのは、ドイツ人「戦争被害者」を救済し統合する措置は、後述するユダヤ人に対する補償と同時に進行したことである。さまざまな法律で国民の「損害」をならし、一部の人間だけが不満を抱え込むことのない社会を作ることが政府の重要な課題であったのだ。ホロコースト生存者から大物ナチまで、方向性の異なるさまざまな勢力間の妥協をはかるという政策は、国民に一種のモラトリアムを与えた。互いの過去を不問に付し、人々が生活再建に没頭したことで表面上は社会の平穏が保たれた。こうして過激分子は徐々に牙を抜かれ、それゆえに脆弱な民主主義が転覆することもなかったのである。一九五三年九月の連邦議会選挙でキリスト教民主・社会同盟が社会民主党に圧勝し、第二次アデナウアー内閣が成立したのは、このような路線が信任された証拠であった。その「中道」こそ、社会の安定化の鍵であった。

　こうしてゲマインデのユダヤ人は、かつての迫害者やその同調者たちと共に暮らすことを余儀なくされた。強制収容所で囚人を虐待した看守や、ゲシュタポへの密告者を街なかで見つけて警察に突き出したり、「帝国水晶の夜」に暴行を働きシナゴーグに火をつけた人間を告訴したりと、ナチ犯罪者の社会生活からの排除に積極的に関与してきたユダヤ人は、アデナウアー

白水 図書案内

No.721／2005-9月　平成17年9月1日発行

白水社 101-0052 東京都千代田区神田小川町3-24／振替 00190-5-33228／tel. 03-3291-7811
http://www.hakusuisha.co.jp ●表示価格には5%の消費税が加算されています。

オリーブの海

ケヴィン・ヘンクス〔代田亜香子／訳〕

オリーブという女の子が交通事故で死んだ。大人しくて目立たない子だった。同級生のマーサが彼女について知っているのはそれだけ。だが、オリーブが書き残したものを読んだとき……。

■1680円

ウィリアム・フォーサイス、武道家・日野晃に出会う

日野晃、押切伸一

世界屈指の振付家に「新しいダンス」を教えたのは、日本人武道家だった！その運命的な出会いのワークショップを追いかけ、対話や写真をまじえながら素顔のフォーサイスに迫る。

■1890円

メールマガジン『月刊白水社』配信中

登録手続きは小社ホームページ http://www.hakusuisha.co.jp の登録フォームでお願いします。

新刊情報やトピックスから、著者・編集者の言葉、さまざまな読み物まで、白水社の本に興味をお持ちの方には必ず役立つ楽しい情報をお届けします。（「まぐまぐ」の配信システムを使った無料のメールマガジンです。）

トットちゃんの万華鏡

評伝 黒柳徹子

北川登園

「徹子の部屋」の司会者、ユネスコ親善大使、ろう者劇団の主催者、そして何よりも女優……。全面的な賛同と協力を得てはじめて成る、天衣無縫で献身的な自由人のすばらしき半生記。（9月上旬刊）四六判■1890円

写真ノ話

荒木経惟

ロンドンでの大回顧展にあわせ、これまでの制作秘話を一挙公開！ デビューから現在までの自作を説明しながら、日本の写真史にも言及。天才アラーキーが本音で語る、写真論・写真術。（9月下旬刊）四六判■1890円

金子兜太養生訓

黒田杏子

米寿を迎えようとする句界の重鎮が、いつも心がける健康法とは。荒凡夫であることからシビンの使用法まで根掘り葉掘り聞き出し、その極意を表した、ユーモアあふ

新刊

シェイクスピア贋作事件

ウィリアム・ヘンリー・アイアランドの数奇な人生

パトリシア・ピアス［高儀進／訳］

十八世紀の英国を騒然とさせた、贋作事件の真相とは？「詩聖」を騙る男の生涯を辿り、驚くべき手法と意外な動機を明かす、異色の歴史読み物。河合祥一郎・解説（9月中旬刊）四六判■2940円

ゴシック・リヴァイヴァル

ケネス・クラーク［近藤存志／訳］

十九世紀英国建築の主流をなしていたゴシック・リヴァイヴァル。本書は建築のみならず、美術、文学を含む一大芸術運動として展開したこの潮流を理解するうえで必須の文献となっている。（9月下旬刊）四六判■3570円

白水Uブックス

芸術の哲学

ゲオルク・ジンメル［川村二郎／訳］

ローマ、フィレンツェ、ヴェネツィアという三つの都市の美的な特質を見事に分析したエッセイをはじめ、こまやかな観察と透徹した認識で美の本質を照射する画期的

郵 便 は が き

おそれいりますが切手をおはりください。

101-0052

東京都千代田区神田小川町3-24

白 水 社 行

購読申込書

■ご注文の書籍はご指定の書店にお届けします．なお，直送をご希望の場合は冊数に関係なく送料300円をご負担願います．

書　名	本体価格	部　数

★価格は税抜きです

(ふりがな)

お 名 前　　(Tel.　　)

ご 住 所　(〒　　)

ご指定書店名（必ずご記入ください） Tel.	取 次	（この欄は小社で記入いたします）

『ドイツ現代史 Ⅲ 戦後ドイツのユダヤ人』について (2608)

■その他小社出版物についてのご意見・ご感想をお書きください。

■あなたのコメントを広告やホームページ等で紹介してもよろしいですか？
1. はい（お名前は掲載しません。紹介させていただいた方には粗品を進呈します） 2. いいえ

ご住所	〒 電話（ ）		
(ふりがな) お名前	（ 歳） 1. 男 2. 女		
ご職業または 学校名		お求めの 書店名	

■この本を何でお知りになりましたか？
. 新聞広告（朝日・毎日・読売・日経・他〈 〉）
. 雑誌広告（雑誌名 ）
. 書評（新聞または雑誌名 ） 4. 出版ダイジェストを見て
. 店頭で見て 6. 白水社のホームページを見て 7. その他（ ）

■お買い求めの動機は？
. 著者・翻訳者に関心があるので 2. タイトルに引かれて 3. 帯の文章を読んで
. 広告を見て 5. 装丁が良かったので 6. その他（ ）

■出版案内ご入用の方はご希望のものに印をおつけください。
. 白水社ブックカタログ 2. 新書カタログ 3. 辞典・語学書カタログ
. 出版ダイジェスト《白水社の本棚》（新刊案内・隔月刊）

※ご記入いただいた個人情報は、ご希望のあった目録などの送付、また今後の本作りの参考にさせていただく以外の目的で使用することはありません。なお書店を指定して書籍を注文された場合は、お名前・ご住所・お電話番号をご指定書店に連絡させていただきます。

の進める旧ナチの懐柔策に強い不満を持っていた。しかし、ネオナチ政党である社会主義帝国党の禁止・解散（一九五二年）に見られるように、アデナウアーが極右勢力を排除したことを認めないわけにはいかなかった。

逆説的だが、このような妥協的なアデナウアー体制の確立こそが、戦後ユダヤ人社会確立の必要条件であった。個人の正義より社会の総合的な回復を優先することによって得られた平穏は、ナチの過去を持つ者に都合がよかったのみならず、やはり自分たちはドイツ社会に属していないと感じて幻滅しかかっているユダヤ人にとってもまんざらではなかった。正義を追い求めることは、ナチ犯罪者の存在に沈黙する地域社会の共謀の前で、再びユダヤ人の孤立を味わうことを意味したからだ。また、相手の過去を問わない限りで、自分がドイツに暮らしていることの問題性と向き合う必要もなかった。そして何よりも、ユダヤ人もドイツ人同様に高度経済成長の恩恵を受けた。ドイツ経済の復興は、ユダヤ人に対する補償の継続を可能にした。つまり、ゲマインデのユダヤ人は、アデナウアー体制の内側にとり込まれていた。このような認識が、国内のユダヤ人が政権に対して全面的な批判者、もしくは反対勢力になることを不可能にしていた。

さらにアデナウアー政府がゲマインデを西ドイツの民主主義化の過程の重要なパートナーと見なしていなかったことは、ゲマインデの政治的方向性に影響を与えた。政府は国内のユダヤ人よりも、むしろドイツの政治的復権を阻むと公言する「ユダヤ世界」の代表者との対話を進めることが、ユダヤ人との和解という点で重要だと考えた。とくにアメリカ政府に強い影響力を持つと言われたユダヤ人の指導者に働きかけることの方が、西ドイツの国際的地位の改善につながると考えていた。したがってユダヤ人に対する補償が議論され始めたときも、政府が交渉相手に選んだのはゲマインデの代表ではなく、「ユダヤ世界」の代表と称する海外のユダヤ人であったのである。これは、ゲマインデのユダヤ人にとっては実に屈辱的であった。もはや語ることのできない同胞のためにも、自分たちが補償による正義を求めるのだという自負が彼らを支えていたからである。この役割さえも奪われたら、ヒトラー後のドイツに残る意味はなくなってしまう。

国内のユダヤ人より海外のユダヤ人指導者との対話を重視する政府の姿勢は、海外ユダヤ人がドイツ在住の同胞に対して抱いていた不信感と無関係ではなかった。イスラエルやアメリカのユダヤ人は、ユダヤ世界全体の将来に影響する補償交渉をゲマインデのユダヤ人に任せることはできないという姿勢を隠そうとしなかった。それどころか、海外のユダヤ人指導者は、ゲマインデのユダヤ人が地の利でもって自分たちに都合の良いようにドイツ政府との交渉を試みるのではないかという疑念を抱いていた。だから補償問題の専門家であるドイツ在住ユダヤ人中央評議会事務総長のファン・ダムが、ユダヤ人犠牲者の代表を名乗ってドイツ政府に直接訴えるような単独行動に出ないよう、海外のユダヤ人は目を光らせていた。

ドイツ政府としては、ユダヤ世界全体から補償による和解への意志を認めてもらう必要があったため、当然海外のユダヤ人の意見に優先的に耳を傾けた。結果的にゲマインデのユダヤ人は、補償問題への実質的な関与を西ドイツ政府とユダヤ人同胞の双方から拒まれたのである。補償は、ドイツがナチの過去を自ら克服するうえで重要な行為であった。その意味で、ゲマインデのユダヤ人は民主主義的なドイツの再建に関与する機会を奪われたのであった。

ゲマインデは、政府の目指す政治的方向性の範囲内で発言権を与えられるのみであった。それはもっぱらドイツの民主主義化の補佐役であり、ドイツに不信感を抱く諸外国の批判に対する緩衝材というものであった。こうしてゲマインデは受動的な立場に置かれ、対して連邦政府は潜在的に反ユダヤ主義的なドイツ社会のなかにあるゲマインデの政治的な庇護者であり、経済的な保証人となった。こうしてアデナウアー時代に生まれた政府とゲマインデの関係の「型」は、後のエアハルト体制でも維持され、長く戦後ユダヤ人社会の方向性を規定した。

東ドイツのユダヤ人の脱出

ナチズムが根絶された労働者の国を自称する東ドイツは、西ドイツのボンではグロプケ（首相府次官）やオーバーレンダー（被追放民相）などナチの経歴をもつ者が政府の要職にあると繰り返し非難した。ところが一九五三年初頭、東の自称「民主主義国家」に残っていたユダヤ人の多くが西の「ファシストの国」へ逃げてしまい、これがボンの政治的正当性を高めるという皮肉な事件があった。

ソ連軍占領地区においても西側と同様にゲマインデが結成されたことはすでに見た。東西対立の深刻化で東から西への移動はますます難しくはなっていたが、ドイツ分断が決定的になるまではまだ可能であった。東西両ドイツが成立した後も、ベルリンだけは西と東を行き来することができた。

東ドイツのユダヤ人政策は、ユダヤ人の絶滅を目標としたナチの迫害の本質的な性格を認めないことに尽きた。その典型が、ナチの最大の犠牲者は、ファシズムに抵抗して闘った共産主義者であるという主張である。犠牲者のヒエラルキーにおいてユダヤ人は政治的被迫害者より下位に位置づけられ、迫害への補償においても待遇にはかなりの差があった。

東ドイツは対外的には、他のソ連衛星国同様に、大筋でソ連の対ユダヤ・イスラエル政策を踏襲した。実際には、ソ連は最初から反イスラエル路線を取ったわけではない。一九四八年のイスラエル建国をいち早く公認しているし、チェコを介した武器供与は周知の事実であった。しかし、数年後ソ連はそれまでの親イスラエル路線を翻し、親アラブへと転換する。こうした流れのなかチェコスロヴァキアで一九五二年一一月、共産党第一書記であったルドルフ・スランスキーをはじめ、要職にあった一四名の共産主義者に対する裁判が始まった。罪状はシオニスト、トロツキストとしてスパイ活動を行ない、「ユダヤの世界陰謀」に加担したというものであった。スランスキーを含め、うち一一人はユダヤ系であった。スランスキーらが絞首刑になると、政治的な迫害の気運は東欧全体に広まった。

東ドイツでもユダヤ人に対する圧力が強まった。ユダヤ系ではないが、ユダヤ人に対する補償を支持した政治家パウル・メルカーが一九五二年一二月初頭逮捕された。同月下旬に「スランスキー裁判の教訓」と題した文書が社会主義統一党中央委員会により発表され、メルカーはアメリカ帝国主義の手先であるシオニストのスパイとして糾弾された。ゲマインデの事務所が捜索され、ゲマインデ指導者はシオニズムとファシズムを同質のものとして糾弾する声明を出すよう求められた。そして、一九五三年一月、モスクワでユダヤ系の医師らがスターリン暗殺を企てたとして逮捕された。「医師団事件」である。これで新たな迫害への恐怖はピークに達した。東ドイツのユダヤ人は、まだ分断されていないベルリンまで移動し、市街電車で通常の乗客を装ってそのまま西へ逃げ込んだ。出国の意図を悟られないよう、全財産を残したままの脱出であった。こうして東ドイツのゲマインデ連盟会長ユリウス・マイヤーを始め、ゲマインデ指導者のほとんどが亡命した。五〇〇人ほどが西へ逃げたとされる。

東欧のユダヤ人を恐怖に陥れた政治的反ユダヤ主義の波は、一九五三年三月五日のスターリンの死で終了した。この過程でベルリンのゲマインデは西と東に分断された。東ドイツに残ったユダヤ人には、これ以後直接的な身の危険はなくなったものの、彼らには国家の忠実な僕になる道しか残されていなかった。一九五三年初頭の脱出で、政治的に体制への脅威になり得ないほど弱体化したゲマインデは、党の反イスラエル路線に同意するよう強いられたりはするものの、その代わりに国から手厚く保護される存在となった。ほとんど使う人間もいないシナゴーグが修復され、金銭的な面でゲマインデの存続は保障された。しかし、ユダヤ人DPをとり込むことで若返った西ドイツのゲマインデとは対照的に、東では高齢化が進み、徐々にユダヤ人人口は減少した。一九五五年にまだ一七〇〇人ほどいたユダヤ人の数は、一九九〇年のドイツ統一の前には三五〇人ほどにまで減ってしまったのである。

第三帝国の継承国である西ドイツに最初に逃げてきたのが、東の「民主主義国家」のユダヤ人であったというのは、歴史の皮肉であった。これ以後、西ドイツは政治的・宗教的な迫害を受けるユダヤ人の避難所として機能するようになる。ユダヤ人に限らず政治的迫害を受ける者は、ドイツで庇護を求める権利を享有すると基本法一六条に定められているからである。一九五六年の「ハンガリー動乱」、一九六八年「プラハの春」、そして隣国ポーランドからは一九五六年、一九六八年とユダヤ人出国政策が半ば公的に進められると、ユダヤ人がドイツに逃げてきた。ソ連からも少数であるが七〇年代、八〇年代を通してユダヤ人の移住が見られた。さらにはイラン革命の際に一〇〇〇人を超えるユダヤ人がイランから西ドイツに庇護を求め、多くはハンブルクに落ち着いた。

東ドイツからのユダヤ人脱出は、官僚機構、法曹界、経済界など、社会のあらゆる面でナチ時代からの連続性が指摘されていたアデナウアー体制の正当性を高める結果となった。一九五三年のロンドン債務会議で戦前の対外債務を引き継ぎ、名実ともに第三帝国の継承者となった西ドイツは、その後広範囲な補償を行なってナチ時代の負の遺産を処分してゆき、国際社会の信用を勝ち取ってゆくのである。

三　補償

ルクセンブルク協定

ドイツが再び国際社会に迎えられる道義的資格を有するかどうかは、ユダヤ人に対してどのような償いをするかで判断されたといって過言ではない。イスラエルをはじめとする「ユダヤ世界」は、ユダヤ人に対する補償がなされないうちは、ドイツの国際社会復帰を認めることはできないという姿勢を崩さなかったからだ。現実には、東西対立が西ドイツに西側民主主義の防波堤という役割を与え、一九五〇年の朝鮮戦争の勃発で西ドイツの再軍備が必須となると、その政治的復権の前に立ちはだかる障害物はもう何もなかった。だが西ドイツは仲間に入れてもらうだけではなく、信頼されるパートナーとして認められる必要があった。

一九五一年三月、イスラエルは英米仏ソ四国政府に親書を送り、両ドイツに対する計一五億ドル（西ドイツ一〇億ドル、東ドイツ五億ドル）の補償要求に対する支持を求めた。その約半年後、一九五一年九月二七日、アデナウアーは連邦議会での演説で、「ドイツ民族の名において筆舌に尽くしがたい犯罪がなされた」と語り、ユダヤ人に対し国として補償を行なう用意があることを宣言した。

「ユダヤ世界」の代表者との公式な交渉が始まると、請求額は一〇億ドルから三〇億マルクがまで減額されたが、それでも交渉は何度か決裂の危機に直面した。ドイツ側では、対外債務の支払いに加えてこれだけの金額を支払う能力がないと主張する財相や経済界と、道義的観点から早期の合意の成立を目指す人々の間で対立が起こった。イスラエル側はどうかというと、国内の右派がドイツとの交渉を断固拒否して大きなデモが起き、交渉団は一部の過激分子による妨害行為に競々《きようきよう》とする有様であった。それでも一九五二年九月一〇日、ルクセンブルクの市庁舎で、連邦政府はイスラエルとイスラエル外に住むユダヤ人を代表する「対ドイツ物的損害請求会議（Conference on Jewish Material Claims against Germany）」（以下、請求会議）と包括的補償協定の調印にこぎつけた。西ドイツは一二～一四年間、毎年最低二億五〇〇〇万マルクをイスラエルに物資で支払うことで合意した。イスラエル外に住むホロコースト犠牲者については、協定の付随文書において、請求会議に対して四億五〇〇〇万マルクが支払われることになった。

ルクセンブルク協定により三〇億マルクがイスラエルに現金で支払われ、移住したホロコースト生存者が個人として直接金銭的補償を受けたと勘違いされることが多いが、これは正しくない。金銭による個人的な補償は、後述する連邦補償法によるものである。対してルクセンブルク協定は、物資による実質的な国家賠償である。ホロコーストが起きた当時、まだユダヤ人国家は存在していなかったのに、である。

まず物資による支払いであるので、物資の注文・購入を行なう「イスラエル買い入れ派遣団」がドイツに送り込まれた。イスラエルから必要な物資のリストが届き、これにしたがって金属、燃料、機械、化学製品、農業製品などが購入され、イスラエルへ輸出された。これといった資源もない小国のイスラエルにとっては、ルクセンブルク協定によるドイツからの物資は、まさに国のインフラ形成に貢献した。国交もなかった時代からイスラエルにはドイツの製品があふれ、ドイツの技術を借りてユダヤ人国家の電気・水などの供給システムが整備されたのである。雇用が創出され、そこからあがる収益はさまざまな形でイスラエル社会に還元された。いうまでもなく、受益者のなかにはナチ犠牲者も含まれた。年金支払いをはじめとする福利厚生、移民の職業訓練などの定住援助、事業を始めるための貸付け、迫害で障害を負った者のための施設の拡充、病院の建設などにも収益があてられたからだ。しかしインフラ形成によって恩恵を受けたのは、ホロコースト生存者だけではない。国家・国民全体である。これがルクセンブルク協定が事実上の国家賠償であるゆえんである。

ルクセンブルク協定がなくてもイスラエルが経済発展を遂げた可能性は十分にあるだろう。しかし、ドイツからの物資の流入は、生まれたばかりの国家が経済的に、それゆえ軍事的に、周辺のアラブ諸国家より頭一つ抜け出し、そのまま先を走り続けることを可能にした。実際に支払いの一部は国の要である安全保障にも回っている。その意味で中東におけるイスラエルの地位、そして現在まで続くパレスチナ人（パレスチナに住むアラブ人という意味でこの言葉を使うが）との物的格差は、非常に複合的な歴史プロセスの結果なのである。

では、イスラエル外に住むユダヤ人には、補償合意はどのような変化をもたらしたのか。当時、イスラエル外には迫害を原因とする非常に深刻な精神的・肉体的な疾患をかかえるホロコースト生存者が約二万二〇〇〇人おり、さらに一五万人が健康面で何らかの援助を必要としていた。協定の付随文書の調印者である請求会議は、ドイツとの補償交渉開始を受けて、一九五一年秋に世界ユダヤ人会議、アメリカ・ユダヤ人委員会（American Jewish Committee）、ユダヤ機関などを中心に、二二の世界の有力なユダヤ人団体により設立された上部組織である。請求会議は支払われた四億五〇〇〇万マルクをさまざまな救援団体に分配し、これらを通して犠牲者が個人的に金銭援助を受けるとともに、障害者施設や老人ホームの運営が補助された。ただ、請求会議の援助対象にはソ連とその衛星国のユダヤ人は含まれていない。冷戦の激化で東欧のユダヤ人が西側の団体を通じた援助を受けることがほぼ不可能となったからだ。さらに、請求会議は個人に対する援助のほかに、失われたユダヤ人共同体を記憶するための基金に資金を提供し、研究機関の補助も行なっている。ホロコーストの記憶を守るという任務を、早くから重要な課題として位置づけてきたのである。

ドイツのユダヤ人の代表機関である中央評議会も、請求会議のメンバーである。中央評議会が設立した「ドイツ在住ユダヤ人中央福祉局」が、ドイツでの請求会議からの補償受け取り窓口となり、一九五四年の時点で、ドイツのユダヤ人の約一〇パーセントが中央福祉局を通して毎月金銭援助を受けていた。

連邦補償法

ルクセンブルク協定の付随文書は、西ドイツが連邦レベルでナチ犠牲者の補償法を制定することを求めている。協定に先立ち、連邦共和国と英米仏政府との間で締結された「移行条約」(一九五二年五月二六日)でも、統一的な補償立法を義務づけている。ナチ犠牲者の補償のための法律のなかで最も重要なのが、一九五六年に施行された「連邦補償法」である。ルクセンブルク協定に基づき一九五三年に「連邦補充法」が公布されたが、これは多くの欠陥を含む不十分なものであったため、一九五六年に改正され、五三年にさかのぼって効力を持った。連邦補償法は、身体・健康に対する被害、強制収容所やゲットーなどにおける自由の剝奪、失われた就業機会などに対する補償を定めたものである。この法律は、その給付対象者にドイツ(一九三七年末の時点のドイツ帝国と戦後の西ドイツ)と地理的・空間的関係を持つことを求める属地主義を取っている。そのため、西ドイツに在住するユダヤ人はもちろんのこと、迫害で移住したドイツ・ユダヤ人や、戦後西側占領地区で暮らしたことのあるユダヤ人DPも対象になる。限定的ではあるが、ドイツを通過せずに海外に移住したホロコースト生存者も給付の対象となった。しかし西ドイツと国交のない東欧諸国に暮らすホロコースト生存者は、その属地主義のために対象とならなかった。

この法律は、ユダヤ人を西ドイツに呼び寄せた。移住したが帰国を望むドイツ・ユダヤ人に対し、その再定住の援助のための一時金六〇〇〇マルクが支払われることが盛り込まれたからだ。これを機に、終戦直後に次ぐ戦後二回目の帰国の波が始まった。一九五五年から五九年の四年間で、六〇〇〇人以上が帰国している。六割方がイスラエルからの帰国者で、ほかには南米から戻った者が多かった。移住先で経済基盤を確立できずにいた者や、生まれ育った土地で人生の晩年を過ごしたいという高齢者にとってこの一時金は大きかった。

ドイツ生まれのユダヤ人に加えて、一度は移住したDPの中にも西ドイツに舞い戻ってくる者が現われた。政治・経済の不安定なイスラエルより、西ドイツにはまだフェーレンヴァルトDPキャンプが存在し、最低限の生活は保障されたし、補償申請の手続き上も西ドイツに居住しているほうが便利であった。ディアスポラからイスラエルへ移住することをアリヤー（ヘブライ語で高みへと「昇る」ことを意味する）といい、その反対にイスラエルからほかの土地に移住することをイェリダー（低いものへと「降りる」ことを意味する）という。イスラエルから移住する者は裏切り者だというシオニスト的な見解が主流を占めていた時代に、当時外交関係さえなかった西ドイツに戻るユダヤ人に対する風当たりは強かった。しかしこうして戻ってきたDPをまたゲマインデが取り込むことで、ゲマインデの基盤はさらに強固なものとなった。

連邦補償法は、経済的弱者であるゲマインデのユダヤ人が西ドイツで根を張ることを可能にした。ヒトラー以前は、ユダヤ人の生活水準はドイツ人の平均よりは明らかに上であったが、その経済基盤は根幹から破壊され、ユダヤ人社会全体が以前の水準に戻ることは不可能となっていた。ドイツ・ユダヤ人生存者の多くはすでに年金生活者であったが、そうでなくても迫害による健康被害で社会福祉の対象に転落するケースも少なくなかった。またドイツに残留したDPの多くは、ナチ時代に就学の機会を奪われたため専門知識を持たず、労働市場で競争力を持たなかった。このような人々にとって、補償とは、西ドイツ政府によるお情け（社会福祉）に頼らずとも、被った損害に対する当然の権利を主張することにより、一定の生活レベルと自己の尊厳が守られることを意味した。中断された大学教育を完了したり、新しい事業を始めたり、徐々にではあるがユダヤ人が社会的地位を高めてゆくことが可能になったのである。ユダヤ人に「ヒトラーの国」での再出発を決心させたのは、反ユダヤ主義やナショナリズムの克服といった政治的要因ではなかった。移住するかしまいか決めかねているうちに、生活が経済的に安定したので、知らず知らずに根を張ってしまったのである。

四 「詰めたスーツケースに座って」

内なるゲットー

どこで自分の親兄弟を殺したかもしれない人間と出くわすかわからない社会で、ユダヤ人は「詰めたスーツケースに座って」いつでも移住できる状態で暮らしているのだと自ら言い聞かせた。いつでもドイツを去る用意ができていると思えること、所属のない宙ぶらりんな状態を肯定的に受け入れられることは、ドイツで暮らしていくうえでの一種の精神安定剤のようなものであった。多くのユダヤ人は移住という選択肢がもはや現実的ではないと理解していたが、ドイツでの生活が恒久的なものだと考えるには苦痛が大きすぎたのである。彼らはドイツ人社会とはなるべくかかわりを持たずに、周りに壁を築いて内なるゲットーで暮らすようになった。

ユダヤ人として政治的に発言し、積極的にドイツ社会とかかわっていこうというユダヤ人はごく一部に過ぎなかった。そのような役割を担うのは、例外なくドイツで生まれでドイツ語を母語とする者であった。彼らは、迫害の時も自分たちを見捨てなかった家族・友人など、ナチ人々であった。

に抵抗した「もう一つのドイツ」ゆえに生き延びることができたと思えたからこそ、ドイツの再建に関与することができたのだ。ユダヤ教徒とキリスト教徒の和解と融和を進める目的でうまれた「ユダヤ教・キリスト教友好協会」に参加するユダヤ人も、ほとんどがドイツ生まれの人々であった。

交友関係をユダヤ人に限定する傾向は、ユダヤ人DPにいっそう顕著に現われた。一九七〇年代後半になっても、元DPの八割以上が、ドイツ人との交友関係がまったくないとある調査に回答している。彼らはドイツでよそ者であり続けることを選択したのであった。外へのつながりを求めないぶん、内側の結束は強かった。ホロコーストで親兄弟を失ったため、自分の子供には殺された家族の名前がつけられた。生まれ育った東欧の町も、生活の場所ドイツも真の故郷とは呼べなかったから、イスラエルに故郷の代替を求めた。すべてのユダヤ人の故郷という、抽象としてのイスラエルに心のよりどころを見つけた。イスラエルに住んだことがなかったので、この国を理想化し、さらに「殺人者の国」に居残ったといううしろめたさが、彼らを絶対的なイスラエル支持へと向かわせた。政治的な支持のみならず、ユダヤ民族基金への寄付といった経済援助にも熱心だった。

元DPはユダヤ人国家で暮らすという夢を自分の子供に託し、子供たちは熱心なシオニストに育て上げられた。ゲマインデではヘブライ語のほかにもイスラエルの地理、民族音楽などが教えられ、子供たちを将来的な移住へと準備させる機能をもった。ユダヤ人の少年サッカークラブに入り、シオニスト青年組織のサマー・キャンプに参加し、イスラエルでの兵役に志願するというのが、戦後ドイツで育ったユダヤ人ＤＰの子供たちの典型的な青春であった（ドイツでも一八歳以上の男子に対し兵役義務があるが、歴史的背景からユダヤ人に対しては強制されない）。実際に、彼らの多くはイスラエルに移住した。ユダヤ人の結婚相手を見つけるには、ゲマインデの狭い人間関係のなかでは難しいという現実もあった。

自らの意思で社会の一員になろうとしなかったＤＰにとって、ドイツはいつになっても通過点であった。このような姿勢は、稼げるときに稼いでおくという季節労働者のようなメンタリティを生み、経済活動への没頭はＤＰの現実逃避の典型的な症状でもあった。おかげで、まったくのゼロからの出発であったにもかかわらず、短期間で相当な富をなす者もいた。軍の物資の横流しから始まり、兵士相手のバーの経営、小規模なホテル経営、不動産業など、当初ＤＰの職業はアウトサイダーに許された社会的評価の低い職種に偏っていた。

ＤＰだけでなく、戦後ゲマインデは基本的に無名の人々の所帯であった。際立っていたのは経済人と知識人の不在であった。戦前のユダヤ人社会には、当然ユダヤ人のプロレタリアートもいたが、企業経営者、銀行家などの富裕層が存在した。医者、弁護士、大学教授など社会的地位の高い者も多かった。そしてジャーナリスト、作家、芸術家など、文化的発信源となった者もいた。このような職業上の多様性は、戦後の第一世代では見られなかった。海外で成功したドイツ・ユダヤ人はほとんど戻ってこなかった。戦後西ドイツの代表的ユダヤ系知識人というと、アドルノやホルクハイマーといったフランクフルト学派の学者を挙げる人がいるが、彼らはユダヤ人として活動していたわけではなく、ゲマインデとはほとんどかかわりを持たなかった。社会的な役割を背負っているゲマインデ指導者や、一部のジャーナリストなどを除けば、ドイツに暮らすユダヤ人は多くが無名であった。

権力との癒着と腐敗

戦後ユダヤ人社会を構成するのは、普通の社会における平均的な人々ではなかった。まず、彼らの経済基盤が脆弱であるという特徴があった。さらに政治に直接的に関与する者がごく一部に限られており、ゲマインデ指導者が外への代弁を一手に引き受けていた。外のドイツ人社会には潜在的な反ユダヤ主義が蔓延していたが、表向きは親ユダヤ主義が掲げられていた。このように特殊な環境が、ゲマインデに一定の方向性を与えるようになった。

ユダヤ人社会は縦の構造になっていた。末端には補償に依存するユダヤ人個人がおり、その上にはこれをまとめるゲマインデ指導部がある。そしてゲマインデを統括するのが中央評議会であり、これが補償の代表請求者および代表受取人である。中央評議会は国からユダヤ人の正当な代表として認められているため、ここに物的・政治的資源が集中する。ユダヤ人の間における中央評議会の権威は、資源の分配者としての役割から派生する。分配を通して、ユダヤ人社会では下から上への縦の依存関係ができる。共同体特有の利益追求の型が生まれ、その権益を守ることが共同体の課題となる。こういった利害関係を基礎とした関係のなかからは、批判者はなかなか生まれてこない。

このようなユダヤ人社会の構造による弊害が表面化した例が、ナハマン事件である。ナハマンとは、一九六九年から一九八八年に没するまでドイツ在住ユダヤ人中央評議会の会長を務めたヴェルナー・ナハマンのことである。ナハマンは一九二五年カールスルーエで生まれ、ナチ時代にフランスに逃げて、一九四五年にフランス軍士官として帰国した。一九六一年からその死までカールスルーエ・ゲマインデの会長も務めた。ドイツ人とユダヤ人の和解を推し進めたという理由で数々の名誉ある賞を受け、一九八六年にはテオドア・ホイス賞を受賞している。

ユダヤ人に社会民主党支持者が多いなか、ナマハンはキリスト教的価値観をうたうキリスト教民主同盟の議員でもあった。そのため保守派との結びつきが深く、ナチ党員であった過去が問題視された首相クルト・キージンガー（在職期間一九六六―六九年）を擁護して、ユダヤ人からも体制寄りの姿勢を批判された。さらにナハマンには反ユダヤ主義やナショナリズムを一部の人間の逸脱だと過小評価する傾向があり、その点で保守勢力には有用なユダヤ人であった。一九六〇年代、七〇年代はユダヤ人を重要なポストにつけて、首相や政党党首の横に「お飾り」として座らせておけば、それだけで海外向けの宣伝になると考えられていた。すなわちナハマンはドイツの民主主義の「アリバイ」であった。そんなナハマンをユダヤ人の同胞は、「宮廷ユダヤ人」と揶揄した。中世に君主や諸侯に金を貸したり、戦費を調達したり、有用な限りで重宝されたお抱えユダヤ人と同じという意味だ。

ナハマン死後の一九八八年、連邦政府が中央評議会を窓口として支払った補償金のうち、主に銀行の利子分を三〇〇〇万マルク以上着服して、自身の事業の債務を埋めていたことが判明した。中央評議会の設立以来、補償問題を専門に扱ってきたのは事務総長のファン・ダムであった。最後までこの役職にとどまったファン・ダムは、一九七三年にすでに亡くなっていた。

ナチの迫害に苦しんだ同胞に支払われるべき金を横領するという事件は、ユダヤ人社会に深い衝撃を与えた。この犯罪がナハマンの存命中に発覚しなかったという事実は、戦後ユダヤ人社会の構造、さらにはドイツ人とユダヤ人の関係の問題性を示唆している。中央評議会が巨額の補償金を扱っているにもかかわらず、その管理を監督する体制がユダヤ人の側にもドイツ行政の側にもできていなかったことを意味するからだ。先に述べたような縦の依存関係が中央評議会会長に権力を与えていただけでなく、ドイツ行政に対するユダヤ人社会の代弁は中央評議会を通して狭く絞り込まれ、政府はこの窓口と付き合うことだけに終始してきたのである。

　補償金詐欺とは、実はどのような社会でも見られる犯罪である。ナハマンの事件が大きなスキャンダルとなったのは、中央評議会会長という公的な地位にある人間が関与したという事実のほかに、アウシュヴィッツ後のユダヤ人はドイツ人に対して道徳的な高みに立つと理解されていたためでもある。そして彼らの有する特権＝補償がもともと多数派の「うしろめたさ」に由来するため、被害者が加害者の良心の呵責につけこむという穿った見方が、事件をさらに大きなスキャンダルにした。そしてこのような事件は、少数派のおかれる社会環境に少なからず条件づけられているために、本来少数派に特有なものと認識される。つまり、特定の犯罪に関与する「傾向」がその集団に本質的に具わっているものと見なされ、少数派に対する多数派の偏見が再生産される結果になる。多数派社会は自分たちの差別意識に対する言い訳を求め、少数派の不正が差別を正当化してしまうのである。こうして差別のサイクルが維持される。

　これは、ある意味でホロコーストゆえの事件である。前代未聞の犯罪がドイツ人とユダヤ人の関係を根本から変え、これを償う義務を負ったドイツ人の側には常にうしろめたさが付きまとった。このゆがんだ関係を土壌にして育つ不正の種があるという現実は、戦後のユダヤ人社会に内包された暗い側面であった。ゲマインデのユダヤ人はナハマン事件の真相をみずから解明し、責任の所在を明らかにすることができなかった。ナハマンの名はタブーとなり、葬り去られた。ユダヤ人に気兼ねするドイツ人の側からも、徹底した責任の追及を求める声はほとんど上がらなかった。

戦後世代の登場——六八年

一方、ドイツ人と最低限のかかわりしか持たないことでドイツで暮らしてゆく術を身につけた第一世代の生き方に、疑問を持つ世代が生まれつつあった。自ら部外者であると開き直ってユダヤ人が「ヒトラーの国」で暮らすことの問題性を避けて通る親たちに、ドイツで生まれ育った第二世代が異議申し立てを始めたのであった。彼らは、子供をイスラエルのサマー・キャンプに送り、ユダヤ民族基金にまめに寄付をしながらも、西ドイツの快適さにどっぷりとつかっている両親たちに、「詰めたスーツケース」はずっと前に荷が解かれているのだと、移住しないのならば少なくともドイツでの生活を前向きに受け止めるべきだと、主張し始めたのである。

一九六〇年代後半、時代は世界的な学生運動へと突き進みつつあり、西ドイツでも「議会外反対派」による体制批判が盛り上がっていた。反核平和、ヴェトナム反戦といった共通テーマのほかに、西ドイツの学生が心を砕いたのがナチの過去の克服であった。学生らは父親たちに戦争中どこにいたのかと詰め寄り、過去を不問に付すことで経済的繁栄を手にした西ドイツ建国世代を糾弾した。デモで街頭に繰り出した学生のなかには、ユダヤ人の若者たちもいた。彼らは、一方ではナチ犯罪者と「和解」したキリスト教民主・社会同盟による体制に、他方ではこの体制と結びつくことで自らの安寧を求めたゲマインデ指導層に反抗した。ドイツ人学生もユダヤ人学生も、根本においてはどちらも父権の象徴である体制に反抗したのだが、体制への異議申し立てという点で同じ目標を追求していると信じていたユダヤ人学生たちは、自分たちが学生運動の内側にはいないことを思い知らされることになる。そのきっかけとなったのが、六日間戦争と呼ばれた一九六七年の第三次中東戦争である。

開戦前には、イスラエルを地図から抹消し、ユダヤ人をみな海へ追い立ててやると公言するアラブ諸国の軍隊に囲まれ、戦争が始まればイスラエルの敗北は時間の問題であるように思われた。ユダヤ人国家が存亡の危機に直面している状況に、西ドイツではイスラエルとの連帯を表明する集まりが各地で開かれた。予備役を動員すると小国イスラエルの経済力が落ちるので、労働力を提供しにイスラエルへ行こうという呼びかけがなされたほどだ。

学生の間には伝統的に左派の親ユダヤ主義が強くあった。西ドイツとイスラエルの国交がないうちから市民の草の根の交流を進めたのは労働組合や社会主義者、左翼学生たちのグループであったし、連邦議会でルクセンブルク協定の批准を可能にしたのは野党の社会民主党議員であった。キブツ（イスラエルの共同体）が平等な社会主義的理想の実現としてもてはやされ、実際にキブツで暮らす西ドイツの若者もけっこういた。しかしその親イスラエル的な姿勢の出発点には、常に罪悪感があった。

ところが、予想外にもイスラエル空軍による奇襲攻撃でエジプト空軍は壊滅的な打撃を受け、ヨルダン軍、シリア軍も敗退し、戦闘開始からわずか六日でイスラエルがシナイ半島を含む広範囲な地域を占領して戦いは終了した。この勝利をドイツの保守・反共陣営は、ユダヤ人による「電撃戦」だと賞賛した。それまでイスラエルには、ホロコースト犠牲者の国、巨人ゴリアテに立ち向かうダビデといったイメージがあった。強弱が逆転すると、イスラエルは支配者として、パレスチナ人はイスラエルの犠牲者として認識されるようになった。

戦後西ドイツの政治家は一貫してイスラエルの存続を支持してきた。ドイツはパレスチナ問題に関して歴史的な責任があると考えていたからだ。ヒトラーゆえにイスラエルが生まれたという、因果関係によるドイツ責任論である。西ドイツとイスラエルの国交は一九六五年まで樹立されなかったが、両国間には一九五〇年代より軍事協力があり、ドイツ連邦軍の兵士がイスラエルの軍事演習に参加するのは公然の秘密であった。

このようななか、学生たちは政治規範としての親イスラエルが、ナチの過去に対する免罪符になっていると非難した。当時学生たちの攻撃の的となった人物に、保守系の日刊紙『ディ・

ヴェルト』や大衆紙『ビルト』を発行する西ドイツ最大の出版社、シュプリンガー社の社長、アクセル・シュプリンガーがいた。学生らにとってシュプリンガーは古い体制の権化であり、一方後者は前者を社会秩序を乱し、自由主義的・資本主義的価値観を危険にさらすものとして批判した。

このシュプリンガーこそが、保守の側の親イスラエルを代表する人物であった。彼がドイツとユダヤの和解をライフワークとしていたのは事実であるが、その親イスラエル的な姿勢は、この国を中東における西側民主主義の牙城と理解するゆえの反共産主義に貫かれていた。これがますます反対派を、反イスラエル・反シオニズムへ向かわせた。イスラエルは中東におけるアメリカ帝国主義の代理人であり、植民地主義的な領土拡張を画策していると糾弾された。しかしその論調は、古くからある左派の反ユダヤ主義と呼べるものに酷似していた。パレスチナ民衆に対する植民地主義的搾取、その背後にある「ユダヤ国際資本」——それは世界支配をたくらむ「シオンの賢者」のユダヤ人像からさほど遠いものではなく、学生の批判が資本主義原理そのものへの批判から、「ユダヤ人」の資本主義に対する批判へと変容し始めた頃から、その潜在的な反ユダヤ主義はすでに見え隠れしていた。

イスラエルの政策に対する批判（＝反シオニズム）と、ユダヤ人全体への批判（＝反ユダヤ主義）の間の垣根は低い。ユダヤ人はみなイスラエルの政策を全面的に支持していると見なすことで、ドイツ国内のユダヤ人まで連帯責任を負わされたのである。このようななかでユダヤ人学生は、ユダヤ人として学生運動のなかの反ユダヤ主義に、そして左派としてイスラエル政府のパレスチナ政策にと、双方に反対する立場に立たされたのであった。彼らはパレスチナ問題についての不一致から、徐々に西ドイツの学生運動から離れていった。より良き社会の実現を求める仲間が、自ら批判していた父親世代の反ユダヤ主義を引き継いでいることを思い知らされた失望は大きかった。この体験が、ユダヤ人の社会意識を覚醒するきっかけとなった。学生運動の世代から多くの新しい知的リーダーが生まれ、彼らがゲマインデに持ち込んだ行動主義は、社会と積極的に関わることを避け続けた第一世代の閉鎖性に穴を開けたのである。

ゲマインデの普通のユダヤ人が政治に積極的に関わるようになるきっかけを作ったのは、一九八五年の二つの事件であった。一つは、五月にアメリカのレーガン大統領と西ドイツのコール首相が、親衛隊員も眠るビットブルク墓地を公式訪問したことであった。ベルゲン・ベルゼン強制収容所跡地の訪問でビットブルク訪問を相殺しようという試みに、内外のユダヤ人は強く反対したが、これを止めることはできなかった。

もう一つは、フランクフルトで映画監督・脚本家ライナー・ヴェルナー・ファスビンダーの戯曲『ゴミ、都市そして死』の上演が計画されたときであった。この戯曲は、フランクフルトのヴェストエント地区の再開発をめぐって一九六〇年代末から一九七〇年代にかけて繰り広げられた、市と住民の闘争を背景としている。市は開発業者にこの地区の再開発許可を与えていたが、取り壊しまでという期限付きで安く賃貸されたアパートの入居者たちが立ち退きを拒否し、住宅闘争が展開された。

この劇に登場する「金持ちのユダヤ人」が、当時のフランクフルト・ゲマインデの会長で、不動産業で巨富をなしたイグナツ・ブービスを揶揄したものと考えられていた。ファスビンダー本人は一九八二年にすでに他界していたが、反ユダヤ主義的な内容の劇だというので、上演の是非をめぐって侃《かん》々諤《がく》々の論議がなされた。「そのときにやつ（ユダヤ人）をガス殺しておけば、今日安心して寝られるだろうに！」という台詞もあり、上演反対派はこのような劇を市が公的に補助する劇場で上演するのは、反ユダヤ主義を助長するものだと主張した。上演反対派は、ユダヤ人はもちろんのこと、キリスト教民主同盟や自由民主党などの中道保守系の政党、保守系の新聞を含んでいた。

対して上演支持派は、主に左翼インテリ、平和主義者、エコロジスト、フェミニストなどいわゆる「アルタナティーベ」と呼ばれたサブカルチャーの担い手から成っており、戯曲に反ユダヤ主義的な部分があるというだけで表現の自由を制限する理由にはならないと反論し、こういった自己検閲こそが、反ユダヤ主義を呼ぶのだと主張した。結末は、一九八五年一〇月三一日の初演日、ブービスを含むフランクフルト・ゲマインデのユダヤ人約三〇人による舞台の占領と上演阻止であった。劇場側は計画されていた上演をすべてキャンセルした。

こういった形の実力行使は、それまでのゲマインデからは想像もできないものであった。直接行動を取ったのは、半年前のビットブルクへの反省があったからであろう。これを機に、ドイツのユダヤ人の政治行動は明らかに変化した。ユダヤ人の政治目標の達成を、ナハマンのように特定のドイツ人政治家とのパイプに頼るのではなく、自らの手で勝ち取ろうという姿勢は、彼らを社会のなかで可視的な存在へと変えていった。ユダヤ人はとうとう「内なるゲットー」からドイツ社会のなかに出てきたのである。結局、スーツケースはすでに荷を解かれ、片付けられているとユダヤ人自身が認めたことが、政治を通してドイツの未来形成に関わることを可能にしたのである。

ユダヤ人と「過去の克服」

ビットブルクとファスビンダーの件に見られるように、一九八〇年代に入ると、ユダヤ人はついに「過去の克服」の共演者として表舞台に登場した。ここでユダヤ人に与えられたのは、反ユダヤ主義に警鐘を鳴らし、ホロコーストの忘却に抗する、「記憶の番人」という役回りであった。ベルリン・ゲマインデの会長であり、ヴェルナー・ナハマンの後に中央評議会会長を務めたハインツ・ガリンスキー(一九一二—一九九二)こそ、記憶の番人としてのユダヤ人を体現した人物だった。

ガリンスキーはアウシュヴィッツの生還者であり、ここで母と妻をなくしている。「死の行進」を生き抜き、最後はベルゲン・ベルゼンでイギリス軍により解放された。その後、ベルリン・ゲマインデの運営に関わるようになり、一九四九年、ゲマインデ初代会長であったファビアンがアメリカに移住した後を引き受けた。その後ガリンスキーは、一九九二年に没するまで実に四三年間ベルリンのゲマインデを率いた。これだけ長期にわたってゲマインデを率いた者はほかにいないが、それはガリンスキーがゲマインデ内でも、外のドイツ社会に対しても、一種の道徳的かつ政治的権威と見なされていたためであった。

写真3　ハインツ・ガリンスキー

ガリンスキーはユダヤ人社会内では権威主義的ともいえるほど厳格な指導体制を敷いたが、ドイツ社会に対しても、極めて非妥協的な警告者の立場を貫き、繰り返しナチズムの犯した罪について語った。腕に囚人番号の刺青の入ったガリンスキーの言葉には、耳を傾けざるを得ない重みがあった。その非妥協的な姿勢に、ドイツ人はしばしば「赦しのない」ユダヤ人像を見、またナチズムの敗北から長い時間が経っても、反ユダヤ主義やナショナリズムの復活に対して警告を発し続ける姿は、ユダヤ人は過去にとらわれすぎているという反発も生んだ。

ドイツ社会におけるガリンスキーの存在感は、彼自身の性格に起因するところもあったが、「過去の克服」の仕組み上、必然的なものでもあった。というのも、八〇年代に入る頃には「反・反ユダヤ主義」もしくは「親ユダヤ主義」的な政治規範が浸透し、それに反対する者に対し、政治的・社会的な制裁が加えられることに、市民の同意が得られるようになっていた。制裁とは、法規制によるもののほかに、道徳的な観点からのメディアの攻撃である場合もあった。

戦後西ドイツのメディアは、反ユダヤ主義のチェック機能を果たすことを任務としてきたため、その攻撃の目的は、規範に反する発言をした公人の社会的信用を失墜させることに他ならない。こうして反ユダヤ主義的な人物が影響力を持つ場所から排除されることで、民主主義的な規範が強化され、それが対外的なメッセージにもなったのである。これは、ユダヤ人に対する加害行為から時間が経てば経つほど、公の空間においてユダヤ人が前面に出てくるという結果を生んだ。世代の交代で筋金入りのナチは不在となり、民主主義教育の浸透で反ユダヤ主義的な事件は減少するが、社会が拠るべき規範はますます高められてゆく。ネオナチなどの極右勢力は一般市民から切り離されているために、規範強化のためにはユダヤ人に公的な場所で頻繁に発言させる必要が出てくる。

糾弾者としてのユダヤ人、その声を公共空間に広めるメディア、こうして生まれた動きを政策に取り込み法制化する政治、その実践が不十分な場合再びユダヤ人が声をあげるという、回転を続ける円運動によって「過去の克服」は前進する。したがって、「過去の克服」が進めば進むほど、ユダヤ人は社会のなかで可視的になり、その発言権はますます大きくなる。ガリンスキーの存在感は、そのようなシステムの産物でもあった。

そしてガリンスキーの後にイグナツ・ブービスという、輪をかけて社会的な発言の多い人物が中央評議会の会長に就任した。同時に、それまで権威主義的なガリンスキーの下で発言を遠慮していたゲマインデの普通のユダヤ人たちが、みずからユダヤ人として発言するようになった。このような流れが、九〇年代に圧力団体としてのユダヤ人を登場させた。ブービスの指導体制下で、ユダヤ人の姿勢はドイツ社会の外側から警告を発するというものから、むしろドイツ市民とともに「過去の克服」の方向性を決定してゆくという参加型に転換した。しかし、「過去の克服」におけるユダヤ人の顕在化を好まない勢力は、社会のなかに常に存在した。そしてユダヤ人・メディア・政治という三者による「過去の克服」が制度化するにしたがい、その精神的な空洞化も生まれた。このような問題性が強く認識されるようになるのは、「過去の克服」のゆくえをめぐる論議が活発化する一九九〇年代後半のことである。

第四章　岐路に立つユダヤ人社会

東西ドイツの統一は、約半世紀にわたる国民の分断に終止符を打ち、その長い「戦後」に幕を引いた。しかし、「戦後が終わった」というとき、そこにはさまざまな意味が込められていた。それは、ドイツの分断はヒトラーが始めた戦争に端を発し、ホロコーストと直接的な因果関係を持つものと考えられてきたからであった。象徴的な意味においてドイツの分断はアウシュヴィッツに対する罰であり、ベルリンの壁はドイツが背負う十字架であるとする見方がユダヤ人に支持されたのみならず、メディアや一部や知識人の同意も得ていたのである。

ドイツ統一が戦後の終わりと読み替えられ、諸外国がナチの過去を引き合いに出してドイツの自主決定を阻む時代が終わったと解されたことで、ドイツはようやく「普通の国」に、つまり自らの歴史の主人になるのだという、ナショナリスティックな意見が復権してきた。統一以後、ドイツ人とユダヤ人の関係は、さまざまな意味で「正常化」されつつある。それは同時に、これまでタブー視されていたユダヤ人批判が公的な場所に登場してくることも意味していた。

一　変容するユダヤ人社会

旧ソ連からのユダヤ人の移住

戦後二万五〇〇〇人から三万人の間を推移してきたドイツのユダヤ人人口は、九〇年代に急増した。ソ連の崩壊後、ポスト共産主義のナショナリズムと反ユダヤ主義的な気運に将来に対する不安を感じたユダヤ人が、ドイツへ移住を始めたからである。

実は、ソ連のユダヤ人の出国は、体制崩壊前からすでに始まっていた。ゴルバチョフの政策転換で、それまでは難しかったユダヤ人の国外移住が比較的容易になったためである。ユダヤ人の出国は、表向きはイスラエルへの移住が想定されていた。だがなかには政治経済の安定しないイスラエルより、気候も文化も近いヨーロッパにとどまることを望む者もおり、観光ビザで東ドイツに入国するユダヤ人が増加した。このようなソ連のユダヤ人に対し、一九九〇年七月、東ドイツ政府は、迫害や差別を受ける可能性のあるユダヤ人に保護を与える用意があると宣言し、希望者はユダヤ人であることが証明できる書類を提示して東ベルリンで登録するよう促した。しかしその受け入れ枠は二〇〇〇人程度に限られていた。

東ドイツはその後すぐに西ドイツに吸収合併されて消滅した。統一に際して両ドイツ政府が締結した「統一条約」においては、連邦政府は東ドイツにおけるソ連ユダヤ人の受け入れ政策を引き継いでいない。しかし、ナチの過去を思えば、政府は迫害を受ける可能性のあるユダヤ人の入国を拒否することはできなかった。連邦政府は一九九一年一月、ジュネーヴ条約の難民規定に基づいて、人道的救援を目的に、年間一定数のユダヤ人を難民として受け入れる方針を表明した。

受け入れ対象者は難民とは呼ばれてはいるが、彼らは帰国を望むのに戻れない者とは違う。実際は生活の場そのものをドイツに移すことを意図する移民である。当時、ソ連の崩壊による混乱のなかで西側諸国への入国を試みる旧ソ連市民は多くいたが、このような実質的な経済難民をドイツはもちろん受け入れておらず、ユダヤ人に限って移住を認めるという政治的な決定がなされたのである。この決定の背後に国内のユダヤ人からの強い要請があったのはもちろんだが、ソ連のユダヤ人を受け入れることで、ドイツのユダヤ人社会の強化を狙う政府の意図もあった。

ユダヤ人のドイツへの移住は、次のような手順をとった。まず移住希望者は居住国のドイツ領事館に申請する。その際、民族的な所属が記されたソ連国内用パスポートや、ユダヤ教の宗教関係者による証明書など、ユダヤ人であることを証明する書類が必要となる。申請が許可されると、移民は州の規模に合わせて振り分けられる。これにより大都市への集中が避けられる。彼らの待遇は法的に保障されており、滞在許可だけでなく労働許可、さらにドイツで生活を始めるためのさまざまな補助が受けられる。これにはドイツ語習得のための語学学校授業料も含まれた。ただ初期の統合支援は居住地域に指定された州内でしか受けられないため、とりあえずは決められた場所で数年を過ごすことになった。

旧ソ連のユダヤ人受け入れは、ゲマインデに大きな構造的変化をもたらした。ノルトライン＝ヴェストファーレン州を例にとると、一九八九年に二六七九人であったノルトライン州ユダヤ人ゲマインデ連盟の登録者は二〇〇二年末には約六倍の一万五八三五人になり、ヴェストファーレンのそれは七四五人から約九倍の六六一九人へと増加した。もともと規模の大きかったベルリン・ゲマインデだけは、増加率は二倍以下に抑えられたが、ほとんどの州のユダヤ人の数が数倍から十倍近くまで増加している。

だがもっとも大きな影響を受けたのは、旧東ドイツ地域である。ドイツ統一直前、東ドイツのゲマインデに登録していたユダヤ人の数は約三五〇人、その大半が東ベルリンに暮らしていた。ドレスデンやライプツィヒなど地方都市のゲマインデは、メンバーの高齢化で自然消滅が確実視されていた。それが移民の流入で、風前の灯だったゲマインデが息を吹き返したのである。すべての州に移民が振り分けられるため、戦後まったくユダヤ人が住んでいなかったような町々でユダヤ人のゲマインデが誕生するといった事態が生まれた。ポツダムやロストックなどがその例だ。旧ソ連からの移住が、ドイツ・ユダヤ史の新しい幕を開いたことは間違いない。二〇〇五年初頭、ドイツには八〇を超えるゲマインデが存在し、登録者は一〇万四〇〇〇人ほどであるが、その八割は旧ソ連出身者である。

移民のすべてがゲマインデに入会するわけではない。一九九一年に難民受け入れが決まってから、毎年一万五〇〇〇人から二万人が入国し、その総数は現在までで二〇万になると見られている。だが、このうちゲマインデに入会する者は四割ほどにとどまっている。あえてゲマインデとかかわりを持とうとしない者もいれば、ゲマインデに入会したくてもできない者もいるからである。前者の場合は、宗教共同体としてのゲマインデに魅力を感じないからである。彼らは非ユダヤ人の配偶者とともに家族単位でドイツに来て、国内のロシア人コミュニティに身を置いている。また彼らは、ドイツ人の側からもユダヤ人というよりは「ロシア人」として認識されている。これらの中にはユダヤ人の証明を偽装したり不法に入手した「にせユダヤ人」も含まれていると見られている。

逆にゲマインデに入りたくても入れない者がいるのは、彼らが宗教的な観点から「ユダヤ人」と見なされないためである。ユダヤ人とはユダヤ人の母から生まれた人間を指し、これがゲマインデ入会資格となる。ここに、難民の入国を認めるドイツ政府と、その政府から難民の社会的な受け入れ母体として期待されるゲマインデとの間に「ユダヤ人」の定義に関する認識の差があることが分かる。政府は、難民の条件は少なくとも両親の一人がユダヤ人であることとしており、母がユダヤ人であろうと父がユダヤ人であろうと区別はしない。つまり、ユダヤ人であるという理由で差別・迫害の対象になってきたという受動的な要素で集団の資格を定義している。しかし、宗教的な集まりであるゲマインデは、被差別体験を入会資格にすることはできない。それではゲマインデは単なる利益共同体になってしまうからである。ところが実際、ソ連からの移民がゲマインデに求めるものは、その社会的な便宜であることが多い。

ゲマインデは社会的なレベルでの移民の受け皿となる。ゲマインデは移民を対象としたドイツ語講座を設置し、その費用は国により支払われる。就職の斡旋、さらには精神面でのケアも期待されている。ドイツの労働市場で競争力を持てるようになるまでのつなぎとして、ゲマインデ内の警備員、事務員などの職を得る者は多い。彼らはソ連では技術者や医師など専門的な知識を持ち、単純労働者ではなかったが、ドイツでの就職率は低い。

また、社会統合の準備段階として、ドイツで生活するうえで必要なさまざまな知識・情報はゲマインデを通して伝えられる。ゲマインデはユダヤ教やユダヤ人の歴史についての知識を得、

「ユダヤ人」であることを身につける場でもある。ソ連では宗教活動一般が抑圧され、ユダヤ人としての宗教・文化活動はほぼ不可能であったため、ユダヤ教の基礎知識さえ持たない者が多いのだ。ゲマインデが移民に対する宗教教育に力点を置くのは、どれだけの移民が「ユダヤ教徒」になれるかで共同体の将来が決まるという認識に立つからだ。こうしてゲマインデは移民たちに社会的・文化的「所属」を提供し、さらに「ロシア人」を「ユダヤ人」として再社会化しているのである。

移民の流入で、ドイツのユダヤ人社会は現在、一つの岐路に立っている。それまでゲマインデにはホロコーストという一本の大きな柱があり、これが求心力となっていた。ナチの過去がゲマインデの政治的・社会的役割を規定してきたといっても過言ではない。しかし、ソ連からの移民は必ずしもホロコーストの記憶を共有するわけではない。反ユダヤ主義との闘い、補償問題への取り組み、「過去の克服」への関与——ゲマインデがこれまで当然の任務としてきたことを、移民たちがそのまま引き継ぐかは疑問である。さらに、ドイツ社会の非寛容に対するチェック機能という役割は、移民の場合、後天的に学び取らねばならない。しかし、批判者たることに不可欠な道義的権威を彼らは有していない。戦後ユダヤ人に与えられた公的な役割が世襲されないということは、ホロコースト後の特殊なドイツ＝ユダヤ関係が次の世代では継承されない可能性を示唆している。どの国の移民第一世代にも共通するように、彼らは経済活動に没頭し物的な確立を最優先する傾向があり、非ユダヤ人社会との関係は、ユダヤ人とドイツ人のそれというより、移民とその受け入れ社会という関係である。批判者であることが期待される集団のなかで、批判者が不在になりつつある。そしてこれが意図せずしてドイツとユダヤの関係の「正常化」を進める要因となっている。

二〇〇五年一月一日、新しい「移住法」が施行された。旧ソ連からのユダヤ人移民は今後他の移民と同じ扱いになるとみられ、結果として入国者が大幅に削減されると予測されている。ユダヤ人のみを対象とした特別枠は廃止される方向にある。それには現在までに入国したユダヤ人移民の八五パーセントが、社会福祉に頼らなければ生活できないという現実がある。そのため、移住希望者にドイツ語能力の証明を義務付けるなど、将来的に社会福祉の対象となるような移民を排除する方針である。

さらに今後は、ユダヤ人ゲマインデが受け入れ可能な人物のみ、移住が許可される。要は、ユダヤの出自であっても宗教的にユダヤ人でない者は対象にならないということだ。ゲマインデはユダヤ教徒になれる移民を欲するのであり、同じようにドイツ政府は経済難民のロシア人は要らないのである。そしてドイツ政府の方針転換の影には、イスラエル政府の圧力があったと言われている。ソ連崩壊後、一〇〇万人近いユダヤ人がイスラエルへ移住したが、相当数がドイツに流れたうえに、アラブ系住民の出生率が高いためイスラエルがユダヤ人国家でなくなってしまうという危機感があるらしい。しかし、ドイツへの移住枠撤廃で、ユダヤ人の行き先がイスラエルに変更されるかどうか、それはまだ分からない。

多様化するゲマインデ

戦後ドイツのユダヤ人ゲマインデのあり方は、「統一ゲマインデ」と呼ばれる。ユダヤ教には改革派から超正統派までさまざまな潮流があり、普通だと改革派と正統派のユダヤ人は別々の共同体を作る。なぜなら規律がゆるい改革派と、戒律を厳格に守った生活をおくる正統派とは、相容れないからである。ところが、ドイツではこれらがみな一つのゲマインデの屋根の下に集まる。異なる宗派に属するユダヤ人が「統一ゲマインデ」という枠に収まるのは、ゲマインデが宗教法人として国から税金による補助を受けるうえで、宗教的な理由で集団が分化してはならないという理解があるからである。

この「統一ゲマインデ」のシステムは第二帝政以来の伝統で、戦後に特有なものではない。ただ、戦前は改革派がゲマインデの主流を占め、正統派のユダヤ人は公認されたゲマインデの枠内に収まるか、それから離脱して自らのゲマインデを設立した。戦後の「統一ゲマインデ」では、逆に正統派が主流を成す。戦後ゲマインデの多数派が正統派の牙城であった東欧の出身者であるという理由のほかにも、同化傾向のある改革派はホロコーストによりその理論的基盤を失い、後退せざるを得なかったからだ。

しかし正統派ゲマインデの実態は、正統派を自称する世俗的なユダヤ人の集まりで、その多くは一年でもっとも重要な祝日であるヨム・キプール（贖罪日）、プリム（仮装祭）、ペサハ（過越祭）の三日だけシナゴーグに行く「三日ユダヤ人」であった。ゲマインデの役割はむしろ政治的・社会的なものであったから、宗教・文化活動は二の次にされてきたのである。だが、形だけの正統派ゲマインデは宗教生活の空洞化を生んだ。専属ラビのいないゲマインデが多く、重要な祝日だけイスラエルやアメリカ、イギリスなどからラビを呼ぶことで何とか体裁を保つ状態がずっと続いてきた。ゲマインデの宗教活動の活性化は大きな課題であった。宗教的実践の欠如は、ユダヤ人としてのアイデンティティの弱体化を意味する。ユダヤ人共同体存続の鍵は、ホロコーストの記憶を維持することでも反ユダヤ主義との闘いを永遠に続けることでもないのだ。

一九九〇年代に入ると、このような危機感をもった人たちが正統派の教義に縛られない、自分たちの自然な信仰を表明する場として各地で小さなサークルを作るようになった。これらは一般に、戦後すたれた改革派の伝統の再興を試みるもので、男女平等が特徴的である。ミュンヒェン、ハノーファー、ケルン、ハレ、ハーメルンなどで、そのような集団が統一ゲマインデの外に生まれた。改革派を名乗る集団は、統一ゲマインデのあり方に長らく不満を持っていた者と、ユダヤ教の初歩的知識もないままドイツにやって来たため正統派の教義になじめない旧ソ連からの移民に、居場所を提供した。

だが、一九九五年にオルデンブルクとブラウンシュヴァイクのゲマインデが、スイス人の女性ラビをゲマインデの専属ラビとして迎えたときには一大論争が巻き起こった。ユダヤ教において女性の役割は、主に家庭内で宗教的規律を守った生活を主導することにある。安息日の始まりにロウソクをともすのは女性であるが、外で礼拝の中心になるのは男性である。成人男性(一三歳以上)が一〇人そろって初めて礼拝が成り立つのである。北米では女性ラビは珍しくはないが、これは正統派から認められていない。

リベラル化とは逆の方向へ向かう宗教回帰もある。ベルリンの厳格な正統派ゲマインデ、アダス・イスロエルの例である。アダス・イスロエルは改革派の牙城となったベルリン・ゲマインデから離脱した正統派のユダヤ人が、一八六九年に結成したもので、一八八五年にプロイセン政府から公法上の団体として認可された。しかしナチにより強制的に「ドイツ在住ユダヤ人全国連合」に編入されて消滅した。半世紀近く経った一九八六年にこの団体を「再結成」したのは、一八六九年の団体設立にかかわった人物の孫である。戦前のアダス・イスロエルは東ベルリンに事務所を構えていたため、東ドイツ政府は統一前の一九八九年一二月、現アダスを戦前のアダスと法的に同一であり、それゆえかつての公法上の団体としての地位を取り戻したと認めた。これはそれまでまったく日陰の存在を強いられてきた国内のマイノリティを公的に支援することで、西ドイツ政府も含めた諸外国へ東ドイツの改革への意思を示すという思惑があった。

西ベルリン・ゲマインデは、一九五三年の東ドイツからのユダヤ人脱出後も細々と続いてきた東ベルリンのゲマインデを、一九九一年一月一日に吸収合併した。こうして再び大ベルリンのゲマインデを率いることとなったガリンスキーは、アダス・イスロエルの承認を頑なに拒んだ。正統派のユダヤ人だけが集まるアダス・イスロエルは、一つの都市に一つの統一ゲマインデという規定の枠に入らない。さらにこれが第二のゲマインデとして法的に認められると、国からの補助をめぐり従来のゲマインデとの競争が生まれる。さらに戦前のアダス・イスロエルとの法的連続性が認められるようなことになれば、以前に所有していたシナゴーグなどの公共財産に対する権利が生じる。当時、まさに東ドイツでユダヤ人財産の返還が始まろうとしていた。

ベルリン市もガリンスキーの立場を支持し、アダス・イスロエルの地位を認めようとはしなかった。もっともアダスの結成当時、その参加者はごく少数であり、宗教ゲマインデとしての内実も怪しまれていたため、このような少数集団に公的な地位とそれに付随する財産権は認められないという主張には理由がないわけではなかった。ところがその後アダス・イスロエルは旧ソ連からの移民をうまく取り込み、着実に規模を拡大していった。それと同時に宗教的・社会的活動も充実させ、最初は財産目当てと陰口をたたかれた団体も、時間の経過とともに立派なゲマインデに変身したのである。

公認ゲマインデとアダス・イスロエルの確執は、ガリンスキーの死後も続いた。後者を公認ゲマインデのなかの任意団体という扱いにとどめることで、財産権も含め、その活動全体を管理下に置こうとしたのであった。しかし一九九七年、行政裁判所の判決により、再結成されたアダス・イスロエルは戦前のものの法的継承者であると確認された。これでアダスの地位は決定的となり、ベルリンはドイツで唯一、統一ゲマインデとは別に正統派のゲマインデが存在する場所となったのである。

ユダヤ・ブーム

一九九〇年代後半、ドイツではユダヤ・ブームと呼べる現象が見られた。ホロコーストを中心に、ユダヤ人の歴史に関する本が次々と刊行された。一九九五年が第二次世界大戦終了から五〇年という節目に当たり、ドイツの歴史を振り返る機会が多かったせいもある。

大学でもユダヤ人の歴史を専門的に研究する機関が次々と誕生した。ユダヤ人の宗教・歴史・文化を総合的に扱う「ユダヤ学」を教えるモーゼス・メンデルスゾーン・センター（ポツダム大学、一九九四年開設）、ホロコーストを専門的に研究するフリッツ・バウアー研究所（フランクフルト大学、一九九五年）、東欧のユダヤ人の歴史を研究するシモン・デュブノフ研究所（ライプツィヒ大学、一九九五年）などだ。

また、ユダヤ文化を一般の人々に知ってもらう目的でゲマインデが開催する「ユダヤ文化週間」の催しは、多くの参加者を集める一大イベントとして定着した。ゲマインデが一般に開放するヘブライ語やイディッシュ語の成人講座は受講者で埋まり、ひっそりとしていたコミュニティ・センターにドイツ人市民が頻繁に出入りするようになった。

ブームの中心は、再び首都となったベルリンであった。東ドイツ時代に半壊状態で放置されていたオラニエンブルク通りのノイエ・シナゴーグ（新シナゴーグ）が修復され、一九九五年に壮麗なムーア様式のドームがよみがえると、周辺にユダヤ・カフェ、ユダヤ・レストランなるものが店を構え、一帯が「ユダヤ文化」の発信地となった。ベルリンのユダヤ人墓地めぐりが隠れたブームとなり、有名人の墓を巡るウォーキングツアーも組まれた。一九九九年にアメリカの建築家、ダニエル・リーベスキンドの設計によるユダヤ博物館が建設されると、中の展示が完成するずっと前から多くの人が博物館を見に訪れた。「ユダヤ」と名のつくもの全般に

写真4　修復される前のノイエ・シナゴーグ

写真5　現在のノイエ・シナゴーグ

対する関心は、社会現象となった。

これは、ユダヤ人社会より、ドイツ人社会についてより多くのことを語る現象であった。逆説的なことだが、このブームはユダヤ人が「不在」であることにより成立している。大都市居住者を除いて、職場や学校など普段の生活でめったにユダヤ人と接触することのない一般市民にとって、関心が向けられる「ユダヤ人」とは、ドイツ人が「非ドイツ的なるもの」として想像するものの投影である。たとえば、クレヅマー音楽が「ユダヤ的」な音楽として流行ったが、実際にクレヅマー奏者として生計を立てるユダヤ人はまずいない。たいていは非ユダヤ人のグループである。「ユダヤ人」として表象されるものへの関心であるので、双方向の対話が成立せず、したがって一方的な思い入れで済み、その意味で「安全」なのだ。これがユダヤ人不在のユダヤ文化と揶揄されるゆえんである。

発信源がユダヤ人であっても、これはユダヤ人によるユダヤ人のための文化ではなく、その受け手には最初からドイツ人が想定されている。たとえば、辛口のジャーナリストとして人気の高いヘンリーク・ブローダーという人物がいる。彼の展開するドイツ社会批判は、彼がユダヤ人であるゆえに批判する特権をもつと読者が了解するところに成り立っている。その意味で彼の批判は辛辣でなければ意味がない。

同じようなことは、新しい世代の「ユダヤ系」作家についても言うことができる。一九九〇年代にラファエル・ゼーリヒマン、エスター・ディシェレイト、マキシム・ビラーといったドイツ語で書くユダヤ人作家が注目され始めた。彼らの作品はホロコースト後のドイツに暮らすユダヤ人という、複雑かつ困難なアイデンティティの問題を扱うが、受け手にはやはり非ユダヤ人のドイツ人が想定されている。商品の購入者であるドイツ人の側には、ユダヤ人の引き裂かれたアイデンティティの内側をのぞいて見たいという欲求があり、作家は「ユダヤ人」として書くことが期待されている。その意味でドイツ人の眼差しが、彼らの創作の原点かもしれない。ユダヤ人に対する関心が十分に市場として成立し、ここに専門的に商品を提供するユダヤ人がいるのである。

また、ユダヤ人に対する関心は、困難なアイデンティティを背負ったドイツ人の変身願望の現われでもある。たとえば近年、子供にエスター、ラーヘル、ダーフィットといった、戦後はほとんど聞かない「ユダヤ的」な名前をつけることがちょっとしたブームになったのも、加害者の側ではなく犠牲者の側に立ってみたいという願望の現われであろう。ユダヤ教は異教徒に改宗を奨励する宗教ではないが、ドイツにはユダヤ教への改宗希望者が多い。家族に親衛隊員がいたなど、家庭内の「過去の克服」を引きずる人々のなかには、究極の解決として「ユダヤ人」になろうとする人もいるのだ。しかし、改宗希望者の多くが内的な問題を抱えていることはユダヤ人の側には周知の事実であり、ゲマインデはこのような者に対し距離を置いている。

ユダヤ・ブームは、ドイツ社会が「非ドイツ的なるもの」の代表としてのユダヤ人像を求め、それを量産し、消費した現象であったように思われる。長年にわたる親ユダヤ主義的な教育と、「過去の克服」への努力が生んだ副産物である。これには、ベルリンに首都を移し、ヨーロッパの枠内でのドイツの繁栄を選択したシュレーダー政権の方向性が、さまざまな文化・人種の共存をうたう多文化主義（マルチカルチュラリズム）を勢いづけたという背景がある。しかし、ユダヤ人をはじめとする少数派に共感する人々がいる一方で、その逆を求める人々がいることも事実だ。九〇年代のブームが去ると、二〇〇〇年に入ってドイツ社会にはキリスト教的・ドイツ的な「基調となる文化（Leitkultur）」が必要だと主張する保守の巻き返しが強まったことは、そのような現われの一つだろう。

二　再燃する補償問題

旧東ドイツのユダヤ人財産返還

統一ドイツが安定した将来設計をするには、まず東ドイツがやり残した仕事を貫徹する必要があった。その一つがユダヤ人に対する補償である。

前章で見たように、一九五一年にイスラエルが連合国に向けた親書で、両ドイツに対する一五億ドルの補償要求を明らかにしたとき、その三分の一、五億ドルは東ドイツに対するものであった。イスラエルが一貫して東ドイツも償うべき罪を背負っていると主張してきたのに対し、東ドイツは、第三帝国の継承国は西ドイツであるから、ユダヤ人に対する補償義務は自分たちにはないという立場を固持した。

このため西ドイツにおけるような意味でのユダヤ人補償は、東ドイツではなされなかった。まず、ユダヤ人の集団的補償要求はまったく取り合われず、東ドイツとイスラエルの間に外交関係が結ばれることもなかった。次に個人的な補償は、東ドイツ居住者に限定されるが、早期の年金受領や、医療・住居の面での優遇といった社会福祉の一環としてなされた。補償が金銭給付ではなかった点に、社会主義国家としての自己理解が反映されている。さらに、東ドイツ地域において「アーリア化」されたり、没収されたユダヤ人財産の返還は原則としてなされなかった。国内に居住するユダヤ人の財産は返還が認められたが、公共の利益に資すると見なされたものはその限りではなかったから、ユダヤ人所有の企業などは概して国有化された。海外に移住したユダヤ人の返還請求は、財産が東ドイツ領内に存在する限り、救済の道を断たれていた。それでも海外移住組は、連邦補償法に基づき補償請求を西ドイツ政府に向けることができた。というのも連邦補償法は、一九三七年一二月三一日の時点でドイツ国内に居住していた者に適用されたからである。ユダヤ人公共財産は、これを使用するゲマインデが存在する場合は返還されている。だが東ドイツで結成されたゲマインデは両手で数えられるほどしかなく、断絶したゲマインデの財産はみな国庫に入れられた。

四〇年以上の不履行・不作為の後、戦後初の非共産党系の東ドイツ首相デ・メジエールは、一九九〇年四月一二日、ドイツの名のもとに行なわれたユダヤ人迫害に対し謝罪し、犠牲者への物的補償を行なう用意があると宣言した。だがその実現を待つまでもなく東ドイツは消滅した。歴史の覇者として東ドイツを吸収した連邦共和国は、隣人がやり残した仕事に取り組むことになった。

まず、ユダヤ人に対する東ドイツの三分の一の補償責任は、ルクセンブルク条約のような国家条約ではなく、新たな基金の設立という形で履行された。一九九三年、これまで小額の補償しか受けられなかった犠牲者に対し、年金支給を目的に苛酷緩和基金が設けられた。これは統一条約に関連するある合意の第二条に基づくため、「第二条基金」と呼ばれている。ここでは収入制限の条件を満たし、これまでに三万五〇〇〇マルク以下の補償しか受けていない者が対象になる。また旧東ドイツ在住のナチ犠牲者の個人補償に関しては、一九九二年四月の「加盟領域におけるナチズムの被害者補償法」によって、東ドイツ時代の名誉年金や遺族年金が継続して支払われることとなった。

補償とは異なり、相当な時間が経過した後での財産の返還は、非常に複雑な問題であった。東ドイツ地域ではナチ党と社会主義統一党による二つの独裁体制が連続したため、損害を被ったのはユダヤ人だけではなかったからである。時系列で見ると、まずナチ時代に「アーリア化」されたユダヤ人財産の問題があった。「アーリア化」の当事者である東ドイツ市民がそのまま財産を保有していることもあれば、ナチ財産として戦後、国の管理下に置かれ、その後国有化されたケースもあった。次に一九四五年から四九年の間、ソ連軍による農地改革により土地を失った大土地所有者や、占領軍に土地を収用された者がいた。そして東ドイツ成立後、財産を残したまま西ドイツへ亡命した、いわゆる「共和国亡命者」がいた。

ベルリンの壁崩壊後、ドイツ統一へと向かう流れが明確になると、東西両ドイツ政府は一九九〇年六月一五日、「未解決の財産問題に関する共同声明」を発表した。ここで東ドイツが成立した一九四九年から一九八九年までの間に不当に国有化された財産の返還が約束された。これはドイツの分断により生じた財産問題を処理することにより、財産の再私有化を進め、東への投資を呼び込むことを意図していた。だがここでは、東ドイツ以前の不法行為によるユダヤ人財産の問題については言及されていない。それは、東ドイツはかなりのユダヤ人財産を国庫に取り込んでおり、その原状回復という事態になると、市民生活に多大な混乱が生じるのは避けられなかったからである。

一方、ユダヤ人にとっては、ドイツ統一は財産の返還を実現する最後のチャンスであった。統一が実現してしまう前に、ドイツ統一の後見役である英米仏ソの旧連合軍と西ドイツ政府から、何とか返還に関する約束を得ておく必要があった。そのため請求会議などの有力なユダヤ人組織は、ドイツに圧力をかけるようアメリカ政府に働きかけ、実際に当時のブッシュ米大統領は、コール首相にあてた手紙のなかで、返還問題に再三言及したと言われる。結局のところ、これは旧ドイツ国籍のユダヤ系アメリカ市民と、その家族の権益に関わる問題でもあった。こうした努力の甲斐もあって一九九〇年九月二三日、東ドイツ政府による法律として「未解決の財産問題のための法律」(以下「財産法」と略記)が施行されたとき、返還対象にナチ党が政権を掌握してからドイツが降伏するまでの間に「アーリア化」されたり没収されたユダヤ人財産も含まれることが明言されたのである(一九四五年から四九年の間にソ連占領軍の権限によって剝奪された財産は対象外とされた)。

だが、返還対象にユダヤ人財産が含まれたことで、さまざまな人間による権利回復要求が錯綜する状況が生まれた。たとえば、ナチ時代に「アーリア化」されたユダヤ人財産を第三者が購入し、この人物が財産を残したまま西ドイツに亡命した場合である。この場合、元の所有者であるユダヤ人と亡命したドイツ人が返還請求を行なうと考えられる。このようなケースのために財産法第三条二項は、最初に不当な行為を受けて財産を失った者の請求権が優先されると定めている。つまりユダヤ人被害者は、その後の共産主義体制の被害者に優先されるのである。

相続人不在の個人財産、消滅したゲマインデの公共財産についてはどうか。西ドイツでは三つのユダヤ人継承組織がこのような財産を相続したことは第二章で見た。旧東ドイツでは、一九九二年七月一四日の財産法改定により、ニューヨークの請求会議が財産の継承組織として指定された。こうして再びユダヤ人犠牲者を代弁すると主張する世界的な団体が、ドイツの財産を売却し、その収益を分配することになったのである。もっとも、一九四〇年代、五〇年代に継承組織とゲマインデが公共財産の相続をめぐって争った経験から、公共財産の売却益の三割は、旧東ドイツ地域のゲマインデ再興のために、請求会議から中央評議会に支払われている。

二〇〇一年末までに返還による請求会議の収入は七億二四〇〇万ユーロを超えたが、これは現在、困窮するホロコースト生存者の援助に役立てられている。収益全体の四割以上が、多くのホロコースト生存者が暮らすイスラエルで使われ、三割ほどが旧ソ連諸国で使われている。ソ連のユダヤ人は冷戦下で連邦補償法による給付対象とならなかったうえに、国家の崩壊は年金生活者である高齢のホロコースト生存者の生活に深刻な打撃を与えたことを考慮する必要がある。生存者の高齢化でそのニーズはかなり変化しており、家庭訪問による介護、精神面でのケア、医療費補助、また困窮度が甚だしい場合は食事の提供などにも使われる。

このようなユダヤ世界内の社会福祉を考える際に、一つ留意すべき点がある。それは、東ドイツの相続人不在のユダヤ人財産を売却したことによる収益が、現在ホロコースト生存者の援助に回されるとき、その援助対象は元の財産所有者とは何の法的関係も持たない人々であることだ。いわば、半世紀以上も前にドイツのユダヤ人から奪われた財産が、現在の貨幣価値に換算されて戻ってきて、これが旧ソ連やイスラエルに暮らす老齢のホロコースト生存者の生活苦を軽減する手段となっている。しかし、彼らの窮乏がホロコーストと何らかの因果関係を持つとしても、百パーセントこれが原因であるとは言えない。特に旧ソ連のユダヤ人の場合は、共産主義経済の弊害による部分も多分にあるからだ。さらに誰が「ホロコースト生存者」であるのか、確固たる定義があるわけではない。終戦直後は、強制収容所やゲットーの生き残りのみが生存者と呼ばれていた。しかし現在ではドイツの進軍を逃れてソ連内陸部へ逃げた者や、パルチザンに加わった者もホロコースト生存者と称されることが多い。そして現在、ドイツでの返還による収益の恩恵を受ける者は、当然広義でのホロコースト生存者である。

終戦から半世紀以上たった今でも、ホロコーストで残されたユダヤ人財産が同胞の間で福祉目的で再配分されているという事実には驚くべきものがある。しかし、この事例は決して例外ではない。終戦後に唱えられた「ユダヤ人の財産はユダヤ民族に帰属する」という理念は、現代でもユダヤ人の財産返還要求のバックボーンをなしている。これを示すのが次のスイスの銀行の休眠口座の例である。これはドイツとは直接関係はないが、ユダヤ人の集団的財産権の概念と、それと対をなす集団的社会福祉という、ホロコースト後のユダヤ世界の根幹をなす思想について考えるために、あえて取り上げよう。

スイスの銀行の休眠口座

冷戦体制が終結したことで、ユダヤ人から再び補償要求を突きつけられたのは、ドイツだけではない。一九九〇年代後半、ヨーロッパ諸国の政府や企業は、ホロコースト生存者やその子孫から、ナチ時代に略奪されたユダヤ人財産の返還・補償要求をつきつけられた。ホロコースト犠牲者の預金を返さなかったという理由でスイスの銀行がアメリカで訴えられたのを皮切りに、「アーリア化」されたユダヤ人財産、未払いの生命保険、略奪された美術品など、財産返還要求は他の分野にも飛び火する世界的なうねりとなった。このような動きと関連して、ナチ体制下で強制労働者を使役したドイツ企業に対する訴訟がアメリカで相次ぎ、これが直接的な原因となって、強制労働の補償のための「記憶・責任・未来」財団が二〇〇〇年に設立されたことはよく知られている。ではここで、休眠口座の問題の展開を振り返ってみよう。

一九九六年一〇月以降、ユニオン・スイス銀行、スイス・バンク・コーポレーション（後にユニオン・スイス銀行により吸収合併)、クレディ・スイス銀行に対して、ニューヨークで複数の集団訴訟が起こされた。集団訴訟とは、同じような損害を被った者が原告団を形成する民事訴訟で、アメリカでは個人としては無力に近い消費者が多数集まることで、大きな企業を訴える手段として定着している。提訴の理由は、ホロコーストの犠牲となったユダヤ人の預託財産を、銀行側が遺族に返す努力を怠り、これを投資・再投資することで長年にわたって不当な利益をあげたというものである。

法廷での動きは、すでに転がり始めた返還要求の雪玉の後を追ったに過ぎない。その頃には、口座情報の不備、死亡証明書の不在などの理由で銀行から払い戻しを拒否され、家族の預金を一銭も取り戻せないでいる年老いたホロコースト生存者の話が連日欧米のメディアをにぎわしていた。スイス製品のボイコットが呼びかけられ、ニューヨーク州では金融監査官が州としてのスイスの銀行との取引停止をほのめかすなど、さまざまな方面からの圧力が強まっていた。そして、反スイス世論の形成に決定的な影響を与えたのが、一九九七年五月のアメリカ国務省による「アイゼンスタット第一報告」であった。これは、第二次世界大戦中の中立国とナチ・ドイツの経済関係についての報告書で、スイスの私企業だけでなく、実はスイス中央銀行もナチ・ドイツと広範な取引を行なっていたと「暴露」した。スイスの銀行に売却された金《きん》のなかには、ドイツが各国の中央銀行から略奪した金塊だけでなく、絶滅収容所で殺害されたユダヤ人の結婚指輪や、歯の金の詰め物も混じっていたと指摘された。報告の反響は絶大だった。スイスはメディアの集中砲火を浴び、ドイツの侵略戦争の継続を助けたと断罪された。それまでアルプスに囲まれたのどかな酪農国といったイメージしかなかったスイスは、「ヒトラーの銀行家」という烙印を押され、そのイメージは地に堕ちてしまった。

スイスに対するメディア・キャンペーンを仕掛けたのが、当時の世界ユダヤ人会議会長のエドガー・ブロンフマンであった。ユダヤ人の預金がスイスの銀行に眠っていることは、ユダヤ人指導者の間ではよく知られていた。一九四〇年代、五〇年代には、中立国内に残されたユダヤ人財産を取り戻そうという訴えに耳を傾けてくれる政府も世論もなかったが、一九九〇年代、状況は異なっていた。東西ブロックの間の緩衝地帯として中立国が有していた戦略上の重要性は弱まり、それまで西側の保護の下でクリーンな中立国を自称していたスイスのような国が、突然歴史の被告席に座らせられたのである。隣の中立国オーストリアでも、大統領ヴァルトハイムのナチ党員歴の問題をきっかけに、過去との対峙を求める気運が強まっていた。このヴァルトハイムの問題を掘り起こしたのも、ブロンフマンであった。

高まる批判に対処するため、スイス銀行家連盟は一九九六年に休眠口座の規模を明らかにするための調査委員会を設立し、前代未聞の規模の会計監査を行なった。この結果、少なくとも約三万六〇〇〇の休眠口座が、おそらくナチの犠牲者により所有されていたことが判明した。

その総額を現在の貨幣価値に直すと、約八億ドルになる。さらに小額の口座預金が、長年にわたる口座管理費で食いつぶされた例が多数存在することもわかった。それまで銀行側は休眠口座の数も規模も非常に小さいと主張してきただけに、調査結果は決定的なダメージを与えた。企業のイメージダウンによるさらなる経済的損失の拡大を防ぐための経営判断がなされた。集団訴訟の被告であるユニオン・スイス銀行とクレディ・スイス銀行は、一九九八年八月、ニューヨークの原告団に対し、一二億五〇〇〇万ドル（約一四〇〇億円）を支払うことで和解した。

ところが、和解金の分配が始まると、ある問題が浮上した。実はこの集団訴訟は、スイス企業に対する複数の訴訟が一本化されたもので、休眠口座の預金返還請求のほかにも、銀行が強制労働者を使役したドイツ（またはスイス）企業と取引したこと、銀行がナチが略奪した金品を洗浄する場となったことという、スイスの銀行の三つの「不正」に対する請求が一つにまとめられていた。いってみれば、アメリカの法廷がスイスのホロコーストへの間接的な関与を裁くように求められたのである。

その結果成立した和解であるので、和解金は休眠口座の所有者だけでなく、元強制労働者やナチにより財産を略奪されたユダヤ人のあいだで分けられることになるが、もともと預金の返還を求めて始まった訴訟であるので、裁判所は和解金一二・五億ドルのうち八億ドルまでを銀行口座に関する請求への給付に指定している。だが問題は、指定された八億ドルに対して、預金返還請求者の数が少ないことだ。休眠口座のかなりの部分が相続人不在であると最初から理解されていたのだから、口座の持ち主の家族が存在するケースより、請求がなされない方が多いのである。したがって正当な請求権者に補償金を支払っても、八億ドルの残りが出てしまう。休眠口座の完全なリストの公表を銀行側が拒んでいるため、まだ潜在的な請求者がいる可能性はあるが、それでも相当額が残ると考えられている。これをどうするか。

これは第二の分配となり、ジョイントなどのユダヤ人救援組織を通して、困窮するホロコースト生存者の援助に使われることになると見られる。おそらく、その大部分は旧ソ連地域で使われることになるだろう。現在も六億ドル以上が未分配のままであるが、この大部分は訴訟の原因である銀行口座とは何の法的関係も持たないユダヤ人に対する援助に形を変えるのである。

ではなぜこのようなことが可能になるかというと、これは集団訴訟という手段ゆえの結果である。先に述べたように、訴訟における銀行の「罪状」の一つに、銀行がナチの略奪財産を洗浄する場となったという事項があった。ナチ迫害は必然的に財産の没収・略奪を伴い、ユダヤ人はみな何らかの財産の損害を受けている。そのためこの点に関連してスイスの銀行に損害賠償請求を行なえるのは、理論的には迫害されたユダヤ人すべてということになる。つまり、世界中のホロコースト生存者が潜在的な原告であり、和解金に対する権利を持つのだ。だがこれでは和解金がいくらあっても足りないので、困窮するユダヤ人に限定して、生活援助という形で和解金を分配しようというのである。

これは考えようによっては奇妙な話だ。しかし、法廷で和解が成立したのだから、当事者が和解金をどのように分配しようと自由でもある。このような分配を是とする背景には、やはり相続人不在のユダヤ人財産はホロコースト犠牲者全体に属するという考えがある。ユダヤ人として殺された者の財産は、その同胞の援助に役立てられるべきだという集団的社会福祉の理念が、今も広く受け入れられているのである。

三　ホロコースト世代の終わり

イグナツ・ブービス

統一が実現してからの一〇年は、ドイツは拠るべき国家像を求めて試行錯誤を繰り返した。統一を牽引したナショナリズムに糧を得たネオナチズムが旧東ドイツ地域で急速に勢力を拡大し、外国人排斥の動きが高まった。メルンやゾーリンゲンでは、トルコ人など外国人が多く住む集合住宅が放火されて死者が出た。ターゲットとされたのは社会のなかで目に見えて異質な人たちで、外見上はドイツ人と簡単に区別のつかないユダヤ人ではなかったが、ユダヤ人墓地が荒らされる事件が急激に増えたことからも、そのゼノフォビア（外国人嫌い）が反ユダヤ主義をも内包していることは明らかであった。一九九四年三月には、リューベックのシナゴーグに火炎瓶が投げ込まれて炎上するという事件が起こった。ドイツでシナゴーグに火が放たれたのは、一九三八年一一月の「帝国水晶の夜」以来のことであった。

写真6　イグナツ・ブービス

そして一九九〇年代後半は、ドイツの過去をめぐる一連の論議がドイツ政治を特徴づけた。まずホロコーストの原因をドイツ人の極端な反ユダヤ主義に帰したゴールドハーゲンの説をめぐる論争があり、続いて国防軍のホロコースト加担やベルリンのホロコースト追悼碑建設の是非が論議され、そして後述するヴァルザー＝ブービス論争へと至った。ナチの過去と対峙し続けることにドイツ社会が疲弊し始め、「過去の克服」のほころびが目につき始めた時期であった。このドイツの政治文化の大きな転換期に、ドイツのユダヤ人社会を率いたのがイグナツ・ブービスであった。

ブービスは、一九二七年、ドイツ東部のブレスラウ（現ポーランドのヴロツワフ）に生まれた。ドイツ語を母語として育ったが、両親は現在のウクライナ出身であった。一九三五年、迫害を恐れて一家はブレスラウを離れ、ポーランドのデブリンに移り住む。その後、母は病死したが、一三歳のブービスは父とともに一九四一年にゲットーに収容された。翌年父はトレブリンカへ移送され、殺害された。ブービスは労働収容所を経て一九四五年初頭、ソ連軍により解放された。一八歳であった。

イグナツ・ブービスは、一家の唯一の生き残りであった。少年時代をナチにより奪われ、教育を受けることができなかった多くのユダヤ人同様に、生き残るために戦後さまざまなことをした。金《きん》が不足していたドイツに金《きん》を密輸し、これを足がかりに貴金属の輸入業を始めた。フランクフルトに移り住んでからは不動産業で財を成し、一九八三年にその地のゲマインデ会長となった。一九八五年にファスビンダーの戯曲の上演を実力で阻止したとき、ブービスは中心的な役割を果たした。一九九二年にガリンスキーの後任としてドイツ在住ユダヤ人中央評議会の会長になってからは、反ユダヤ主義だけでなくあらゆる形の差別・偏見に対して声をあげた。ネオナチの暴力で死傷者が出ると、真っ先に駆けつけて犠牲者との連帯を表明した。違いに寛容であることが真の民主主義だという立場を貫き、多文化主義の旗手と目されたため、リベラルな層からは支持され、一時はブービスを西ドイツ大統領に推す声もあった。だが同時に、攻撃的なまでに社会の不寛容を追及する姿勢は保守層から煙たがられ、極右・ネオナチからは最も目につくユダヤ人として憎悪の対象とされた。

ブービスは、ドイツ人とユダヤ人の新しい関係を築いた指導者であった。彼がそれまでの中央評議会会長と異なったのは、初めてドイツ人との直接的な対話を通した和解を試みたからである。ヴェルナー・ナハマンの「宮廷ユダヤ人」的な権力への癒着を断ち切り、またガリンスキーの権威主義的な「院政」から脱して、開かれたユダヤ人社会を目指した。これまでホロコースト・反ユダヤ主義・補償という軸を中心にしていたドイツ人とユダヤ人の関係を、相互理解という新たな次元に移そうと試みたのである。

ドイツでのユダヤ人社会の存在を、海外のユダヤ人に対して初めて肯定的に発信したのもブービスであった。一九九六年に当時のイスラエル大統領エゼル・ヴァイツマンはドイツを訪問した際に、ドイツにユダヤ人の共同体があるというのは理解しがたい、ユダヤ人は皆イスラエルへ移住すべきだといった時代錯誤的な発言をしたが、この時ブービスは強く反発した。それまでイスラエル大統領に異議を申し立てたドイツのユダヤ人はいなかった。「詰めたスーツケース」の荷がずっと昔に解かれていることはドイツに暮らす者ならみな知っていたが、これを自分たちの指導者が公に認めたことで肩の荷が降りたのである。

ホロコースト後のドイツに暮らすユダヤ人のアイデンティティという非常に厄介な問題にお

いて、ブービスは自ら「ユダヤ教徒のドイツ市民」と名乗った。前述のように、「ユダヤ教徒のドイツ市民」とは、ヒトラー以前のドイツ・ユダヤ人社会において、自分たちが他のドイツ人と異なるのは宗教だけであるという意味で好んで使われた呼称である。法的同権を保障する政治体制への信頼と愛国心を表明したこの呼称は、戦後はドイツの拒絶を見抜けなかった愚かな「同化ユダヤ人」の代名詞となった。ユダヤ人の間では最大級の挑発でもあるこの呼び名をブービスが持ち出したのは、海外の同胞に対してドイツが故郷だと宣言するとともに、ドイツの民主主義の発展に身をささげるという意思表示をするためであった。しかし、一九九九年八月一三日に七二歳で亡くなる前の一年近くは、ブービスはドイツとユダヤの相互理解に本当に貢献したのか自問していたという。彼のドイツ民主主義への信頼が大きく揺らいだきっかけは、作家マルティン・ヴァルザーとの論争であった。

ヴァルザー＝ブービス論争

マルティン・ヴァルザーは現代ドイツを代表する作家で、『逃亡する馬』『ほとばしる泉』といった作品で知られる。奇しくもブービスと同じ一九二七年に生まれたヴァルザーは、前者が青年期をゲットーと強制収容所で過ごしたのに対し、一六歳で自ら志願して入隊した経歴を持つ。独裁後の新しい文学を求めた「四七年グループ」に加わり、これまでも数々の文学賞を受賞している。論争の発端は、一九九八年に小説『ほとばしる泉』でドイツ出版書籍業界「平和賞」を受賞した際の、受賞記念講演であった。ヴァルザーは次のように語った。

われわれの歴史の重荷、消え去ることのない恥辱を誰もが知っているし、これを突きつけられない日は一日としてない。われわれの罪をとがめるインテリたちは、そうすることによって、また悲惨な記憶の仕事に取り組んだのだから、ほんの少し許されたと一瞬錯覚しているのではないか？　一瞬だけ加害者より犠牲者の側に立ったとでもいうのか？　ちょっとの間、犠牲者と加害者の相容れることのない対立が緩和されるというわけだ。私自身は、罪を咎められる側を離れられると思ったことは一度もない。時に、何かの罪で弾劾されずには何も眺められないようなときは、メディアでも罪を咎めることが日常になったのだと考えるようにしている。強制収容所の見るに耐えない映像から何度目をそらしたことだろう。まじめな人間なら、アウシュヴィッツを否定したりしない。責任能力のある人間なら、アウシュヴィッツで行なわれた残虐さについて、ごまかしの解釈などしない。だが毎日メディアで過去を突きつけられると、われらの恥辱の常なる展示に抗する自分に気づくのだ。われらの罪を延々と見せられてありがたく思うどころか、目をそらしたくなる。自分が防御姿勢に入っていると気づくとき、われわれの罪に対する非難をその動機から調べてみようという気になる。そしてこれが追悼するためだとか、忘れないためなどではなくて、実は目下の目的のためにわれわれの罪を利用するためだと発見したように思うとき、ほとんどうれしくなるのだ。良い目的には違いない。尊敬すべきものだろう。しかし利用は利用だ。（中略）脅し文句として使われるためにアウシュヴィッツが起こったわけではない。アウシュヴィッツはいつでも使える脅迫手段でも、道徳的棍棒でも、お決まりの儀式でもない。儀式化から生まれるのは、リップサービスほどの質しかないだろう。しかし、いまやドイツ人は全く普通の国民だ、全く普通の社会だと口にしようものなら、いったいどんな嫌疑をかけられることか。

講演は、実に広範囲で好意的に受容された。政界からの反応も一様に肯定的なものであった。ヴァルザーの言葉は「過去の克服」のあり方に不満を持つドイツ市民を解放し、作家は批判されるどころか多くの人に感謝された。ホロコーストについて聞かされるのにはもううんざりだという、多くの人が思っていたが、口に出すにはばかられたことを、ドイツを代表する文人が言い切ったからであった。その意味で、ヴァルザーの行為はこれまでの親ユダヤ主義的な政治規範に対する明らかな「タブー破り」であった。実際、一一月九日（「帝国水晶の夜」）や一月二七日（アウシュヴィッツの解放）といった「記念日」の数々は、政治家がお決まりの文句を繰り返すだけの儀式となり、「過去の克服」は形骸化したという指摘は、確かに的外れではない。

戦後、ドイツは自ら政治規範を示し、それに反する者を社会的に制裁することで民主主義の浸透を図ってきた。しかし多くの人は、「ポリティカル・コレクトネス」が押し付けられると感じていた。「道徳的棍棒」を振りかざすのは誰か、これは言わずとも明らかであった。そして、ドイツはもう十分に謝罪し、罪を償ったという思いは、ドイツは尽きることのない非難で誇りを失い、国家としての方向性を喪失したという怒りへと発展する。いわゆる「自虐史観」にとらわれているという批判である。ドイツが「普通」の国になるのを阻害しているとされるユダヤ人らに対する怒りは、「健全」な国家アイデンティティを求める保守層に共有される。

ヴァルザーはさらに、ユダヤ人によるホロコーストの利用を示唆している。ここには「アウシュヴィッツゆえの反ユダヤ主義」が垣間見える。ホロコーストがドイツから補償金を搾り取るための手段となっているという見解は、実は少なからぬドイツ人が抱いている。一九九四年の世論調査では、ドイツ人の三九パーセントが、ユダヤ人はホロコーストを自らの目的に利用しているとし、二〇〇二年の調査では、実に二人に一人のドイツ人が、ユダヤ人はドイツの過去を引き合いに出してドイツから補償を得ていると考えている。それはたとえば、二〇〇〇年に設立された強制労働の補償財団、「記憶・責任・未来」による給付対象が、圧倒的に東欧諸国のスラヴ系住民であるのに、多くの人がまたユダヤ人に金を払うことになると信じて疑わなかった事実に現われている。二〇〇〇年までにドイツがナチの迫害に対する補償として支払った金額は一〇五九億マルク（約六兆円）にのぼるが、ホロコーストに全くかかわりのない世代までも税金という形で補償を負担しているのも事実で、永遠に償いをさせられると感じる人が少なくない。

これに関連して、アメリカの政治学者、ノーマン・フィンケルスタインによる『ホロコースト・インダストリー』という「暴露本」に対する反響について言及しよう。

フィンケルスタインはホロコースト生存者の両親のもとにニューヨークで生まれ、自他共に認める反シオニストである。彼はこの本のなかで、請求会議や世界ユダヤ人会議といった有力なユダヤ人団体が、政治的・経済的目的のためにホロコーストを利用し、自分たちの利益になるような補償金分配システムを作り上げ、本当に補償されるべき末端の生存者がないがしろにされていると、ユダヤ人指導者層を批判した。

この本には研究書の意図的な読み替えが見られ、恣意的に史料を選択する点において修正主義者のテクニックに通じるものがあり、まともな書物でないことは明らかである。アメリカではこの本は研究者たちからほとんど相手にされなかった。ところがドイツでは話題が先行し、このようなタイトルの本が出版されるべきではないという「自主検閲」論まで登場してますます物議をかもした。第二のゴールドハーゲンを狙う出版業界とメディアがセンセーションを演出し、そして「ホロコースト・インダストリー」が実際に存在しているのではないかと興味をそそられた人々がこれに飛びついた。だが結局は、フィンケルスタイン自身もホロコーストによって利を得ようとする一人に過ぎないという印象を生み、良識ある人々を遠ざける結果となったのである。

ヴァルザーとブービスに話を戻すと、後者は前者を「精神的放火犯」と呼んで公の場で批判したが、ブービスはほとんど孤立無援の状態にあった。ブービス擁護に回ったのはユダヤ人ばかりで、これまでユダヤ人と二人三脚で「過去の克服」に取り組んできたメディアはほとんどヴァルザーの側についた。ブービスが作家を「精神的放火犯」という強い言葉で批判したことで、これこそ自分に都合の悪い批判を封じ込めようとするユダヤ人の「道徳的棍棒」だと、作家の正しさが証明されたと喜んだドイツ人は少なくなかった。ブービスはこのような反響を当然予想していたであろうが、それでもヴァルザーに正面から反論するのが自らの責務だと考えたのだろう。「過去の克服」の形骸化を、行為の主体であるドイツ人ではなくて犠牲者の側に帰し、ユダヤ人がいつまでも過去にこだわるから反ユダヤ主義が増長するのだという、被害者と加害者のすり替えを許すわけにはいかなかった。

ブービスが「精神的放火犯」という言葉を撤回した後も、ヴァルザーはルサンチマンに満ちた発言を繰り返した。次第に結局作家は反ユダヤ主義者なのではないかという疑念が生じ、ヴァルザーは社会的な信用を失った。しかし、論争で浮き彫りにされたドイツ社会の反ユダヤ主義的な基調は、「ユダヤ教徒のドイツ市民」を自称するブービスの信念を根本から揺さぶったようである。論争後は意気消沈していたといい、翌年没したときはヴァルザーがブービスを刺したとさえ言われた。遺体はイスラエルに埋葬された。一九九八年に土台から爆破されたガリンスキーの墓のように、死後にまで反ユダヤ主義の対象にされたくないという本人の希望ゆえであった。

おわりに

ユダヤ人に「ヒトラーの国」西ドイツにとどまることを選択させたのは、経済的な意味での生活の安定であった。これは主に政府による補償と高度経済成長により実現された。ドイツの戦後民主主義の確立は、むしろ二次的な要因であった。しかし、多くの人が抱くイメージに反して、西ドイツはユダヤ人にとってヨーロッパでもっとも安全な国であったといえる。第三帝国の法的継承者である西ドイツには「親ユダヤ」であること以外に選択肢は与えられていなかったからだ。そのため東欧で迫害を受けたユダヤ人は、西ドイツを目指してやって来たのである。

だがユダヤ人は合理的な理由のみで、ドイツでの生活を選んだわけではない。彼らは自らの選択に葛藤し、自問し続けた。この結果、ユダヤ人社会はドイツのなかの客人のような、どこかぎこちない存在になっていった。このような状態は、一九八〇年代後半に、ユダヤ人がそれまで閉じこもっていた殻を破ってドイツ社会のなかに出てくるまで、続いたのであった。

ドイツ統一後、旧ソ連からの移住によるゲマインデの拡大で、ユダヤ人社会はさらなる発展の可能性を手にし、新しい局面に立った。他方、ドイツが過去に決着をつけて「普通の国」になることを願う人々とユダヤ人のあいだに軋轢が生まれた。そして今、九・一一後の世界で、ドイツのユダヤ人は新たな試練をつきつけられている。

二〇〇一年のニューヨークのテロは中東をめぐる地政学的情勢を一変させたが、その影響を受けたのは、アメリカが掲げるテロへの戦いに一番乗りで支持を表明したイスラエルだけでなく、ドイツのユダヤ人社会もそうであった。ドイツではこれまでもパレスチナ問題に対する関心は高かったが、それでも普通の市民にはどこか遠くで起こっていることにすぎなかった。しかし、イスラム過激派のテロリストが破壊活動の理由の一つにイスラエルのパレスチナ政策をあげ、実際にマドリードの列車爆破事件でヨーロッパ市民社会が標的にされたことで、市民はユダヤ人国家が世界情勢を不安定にしているのではないかという思いに駆られた。テロの危険性を増大させる一因として、改めてパレスチナ問題に光が当てられ、イスラエルの政策に対する批判が噴出した。

イスラエルへの批判はドイツに限ったことではない。パレスチナ問題に起因する反ユダヤ主義の高まりはヨーロッパ全体に見られ、ユダヤ人が嫌がらせや暴力を受ける事件があとを絶たない。特に多くのアラブ系住民を抱えるフランスでは、シナゴーグに火炎瓶が投げ込まれた例が複数報告されている。欧州安全保障・協力機構（ＯＳＣＥ）は、ヨーロッパでの反ユダヤ主義の拡大を懸念して、二〇〇四年四月にベルリンで反ユダヤ主義をテーマに国際会議を開き、イスラエルの政策や中東情勢に対する批判は決して反ユダヤ主義を正当化しないというベルリン宣言を採択している。

このようななかでドイツの反ユダヤ主義は、これがドイツ特有の事情、つまりナチズムの過去と絡み合っているところにその特徴がある。親ユダヤ主義的な政治規範により、これまで正当なイスラエル批判が封じられてきたと人々が思うところに、批判の芽が育っているからだ。この関連で、ヴァルザー＝ブービス論争を、ユダヤ人批判の「解禁」と捉えた人は少なくなかった。キリスト教民主同盟の大物政治家が、ナチのユダヤ人虐殺とイスラエルのパレスチナ政策を同列に置いて、パレスチナ人に対する「絶滅戦争」が行なわれていると発言したり、自由民主党副党首でコール政権下では財相まで勤めたユルゲン・メレマン（現在は故人）が、パレスチナの過激派ハマスのテロリストによる自爆攻撃を正当化したり、これまでならその明らかな反ユダヤ主義的なトーンゆえに表に出ることのなかったユダヤ人批判が公の場に登場してきた。

このような反イスラエル・ムードのなか、ドイツ国内のユダヤ人はイスラエルの政策と同一視される傾向にある。二〇〇二年の世論調査によると、ユダヤ人は自分の国よりもイスラエルに対し忠実であるかという質問に、ドイツでは五五パーセントがそう思うと答えている。このユダヤ人のいわゆる「二重忠誠」というテーマは、戦後の親ユダヤ主義的な政治コンセンサスにおいては、反ユダヤ主義的であるという理由で扱われてこなかった。そのような設問自体が、ユダヤ人を異質のものと見なしているという理由からである。

イラク戦争に関し、ドイツでは強い反アメリカ・ムードが蔓延したが、このなかでドイツのユダヤ人は微妙な立場に置かれている。イスラエルでは、中東におけるイスラエルの権益を守るブッシュ政権への支持が高く、そしてそのイスラエルの存在が保障されることがドイツのユダヤ人にとっては重要であるので、彼らの利害関係は必然的につながっている。実際、中央評議会の「公的」な見解を表明する場となっている『ユダヤ一般週刊新聞』には、留保つきではあるが、アメリカを支持する論調も見られた。

しかしこれは政策レベルの支持というよりは、ドイツに暮らしていけなくなっても避難する場所があるという、心情的なイスラエル支持に基づいている。過去においてイスラエルの軍事行動が国際的な批判を浴びたときも、政治的に孤立を深めるイスラエルを見捨ててはならないという同胞意識が、彼らをやはり支持へ向かわせた。しかし、このような漠然とした同胞意識に基づくイスラエル支持のニュアンスを、非ユダヤ人社会が読み取ることは難しい。

だがユダヤ人の政治的・心情的所属はどこにあるかという問いは、実は「二重忠誠」や「反ユダヤ主義」といったレッテルを張って排除してしまってよいものではない。たとえば『ユダヤ一般週刊新聞』には、定期的にこんな広告が載る。「イスラエルを相続人に」——身寄りのない高齢のユダヤ人に対し、遺産をユダヤ民族基金に譲渡しませんか、というものだ。「遺言を作成してください。そうすればエルサレムはあなたをずっと忘れないでしょう」ともある。

ドイツに暮らすユダヤ人がイスラエル国家に遺産を寄贈するのは、家族のない人がユニセフなどを遺産相続人に指定するのとは性格が異なる。ドイツ国庫に財産を取られるくらいなら、イスラエルに贈って同胞のために使ってもらうというのは、どこか自分の本質的な所属の表明であるように思える。自ら「ユダヤ教徒のドイツ市民」と名乗り、ドイツとユダヤの和解にこれまでにないほど貢献したブービスでさえ、望んでイスラエルに埋葬された。そのブービスは、ドイツ人の政治家が国内のユダヤ人やトルコ人などの少数派を単なる「市民（Bürger）」ではなく、「同市民（Mitbürger）」と呼んで連帯感を表明しようとするのに対し、この《Mit》はいったい何を意味するのか、階級が一つ下の市民なのかとかみついたものだった。ヒトラー後にユダヤ人を「ユーデン（Juden）」と呼ぶのは気が引けるという理由で使われるようになった「ユダヤ系同市民（jüdische Mitbürger）」という言葉自体が、すでに両者の境界を示していた。

これからドイツのユダヤ人社会はどこに向かっていくのか。ドイツ人社会のなかでさらにユダヤ人としての自意識を強めていくのか。それとも、ホロコースト世代が消え去り、近年移住してきたロシア系ユダヤ人の子供たちがゲマインデを率いる頃には、ドイツ社会の主流に位置するようになっているのか。その方向性は、まだ定まっていない。

あとがき

私が戦後ドイツのユダヤ人というテーマを研究することになるきっかけは、もう十数年も前のある旅行であった。当時大学三年生であった私は、シベリア鉄道で極東からユーラシア大陸を横断し、モスクワからポーランドへ抜けた。ポーランドではアウシュヴィッツを見に行こうと決めていた。それまでもユダヤ人の歴史には漠然とした興味を持っていたが、研究者としての道を歩むことを決意するほど確固たるものではなかった。だが、あの有名なアウシュヴィッツを見に行くというので、行く前に多少勉強してみた。活字や映像で知る限り、それは恐ろしい場所に違いないと思われた。人間性が絶対的な悪の前に降伏した、二〇世紀の深淵ともいえるような場所に行くのだと感じた。自分にとってこれは、一種の「聖地詣で」であった。日本の修学旅行生が広島の原爆ドームを訪れて平和への誓いを新たにするように、人類史上最大の犯罪が行なわれたといわれる場所に立てば、自分が現在生きる世界について何か分かるような気がしたのだ。

　ところが、実際に絶滅収容所跡地に立ってみると、正直、私はがっかりした。かつて恐怖と絶望が支配した場所には草が生えていて、馬でも放したら牧場かと思えるほど平和だった。かの有名な大量の髪の毛や靴の山も、本やテレビで見慣れていたので驚きもしなかった。ドイツ軍が撤退する際に爆破した死体焼却場の残骸があったが、ここで命を落とした無数の人々の苦しみを思うには、私の想像力は足りなかった。私は、アウシュヴィッツに心を動かされなかったのであった。

　ホロコーストの象徴である場所に立ちながら、特に感じるところがなかったという事実に、私は深くショックを受けた。むしろ、こちらのほうに私は怖れを感じた。なぜアウシュヴィッツは私に訴えてこないのか。このとき私は、歴史は風化するのだと身をもって感じたのである。人は忘れまいと努力するが、それは必然的にいつか忘れてしまうからなのだ。

　この理解は自分にとってとても新鮮でもあった。先の大戦に関しては、犠牲者の痛みを忘れないために語り続けるのだと誰もが言っていた。それは道徳的な仕事であり、政治信条と無縁ではなかったから、そうしなければならないときは他人の目に映る自分の姿が気になったものである。しかし、あのアウシュヴィッツでさえ、そのうちに人類史上数あるジェノサイド（民族殺戮）の一つとなり、いつかは風化を免れない。こう思うと、逆に、過去に解釈を与え、知られていないことや忘れられていたことを掘り起こす歴史家の仕事に興味を覚えた。この日の体験は、私の研究の原点となった。

このあとドイツに入った私は、ベルリンの町を歩いていてなにやら厳重に警備された場所に出くわした。装甲車が建物の前に配備され、すぐにも道路が閉鎖できるようになっている。てっきりどこかの国の領事館かと思って聞いてみると、驚いたことにそれはシナゴーグであった。ドイツにまだユダヤ人がいる——ホロコーストでユダヤ人はドイツからいなくなったものと思いこんでいた私は、この事実に驚いた。そういえば、ホロコーストに関する本は、たいてい一九四五年の春で終わっていて、その後生き残ったヨーロッパのユダヤ人がどうなったのか教えてくれなかった。ドイツで暮らすユダヤ人とは、いったい誰なのか。しかし、彼らはなぜこんな警備の中で暮らしているのか。このとき、私の研究テーマは決まったのである。

以後、私は十年以上同じテーマを研究しているが、そのなかでおぼろげながら浮かび上がってきたのは、ドイツにおけるユダヤ人の場合に限らず、あらゆる国家において、マイノリティと国家との関係には、特殊性と同時に普遍性が見られるということである。その普遍的性格を抽出し、国家とマイノリティの関係について体系的なテーゼを確立することが、私の研究の最終的な目標である。

本書の執筆にあたり、多くの方々のご指導をいただいた。この場を借りて、その何人かに心より謝意を表したい。まず、本書を執筆する機会を与えてくださり、自分のこれまでの研究成果を世に問うことを可能にしてくださった東京大学の石田勇治先生。若い研究者に惜しみなくチャンスを与える先生の指導姿勢に、教育者としての真髄を見た思いがした。次に早稲田大学の恩師である大内宏一先生と、早稲田大学文学部西洋史専攻の先生方。常識はずれな学生を、長い間温かく見守ってくださった。そして白水社編集部の岩堀雅己氏。原稿が遅れがちな私に辛抱強く接してくださった。

最後になるが、私の研究を長年応援してくれた両親と、小さな子供二人をおいてドイツやイスラエルに研究に出て行ってしまう私に、時には小言を言いながらも、常に全力で支えてくれた夫に、心より感謝する。

二〇〇五年八月一一日　エルサレムにて

著者略歴
武井彩佳（たけい・あやか）
1971年名古屋市生まれ．早稲田大学卒業．早稲田大学大学院文学研究科西洋史専攻修士課程修了．アメリカ・オレゴン大学，ドイツ・ベルリン工科大学に留学，イスラエル・テルアヴィヴ大学客員研究員．1999～2004年日本学術振興会特別研究員，2004年早稲田大学博士号取得．2005年より早稲田大学法学部比較法研究所助手．
専攻，ドイツ現代史，ユダヤ史．
主な論文に，“‘The Gemeinde Problem’：The Jewish Restitution Successor Organization and the Postwar Jewish Communities in Germany 1947-1954” in: *Holocaust and Genocide Studies*, Fall 2002などがある．

シリーズ・ドイツ現代史Ⅲ
戦後ドイツのユダヤ人

2005年9月15日 印刷
2005年9月30日 発行

著者 © 武井彩佳
発行者 川村雅之
印刷所 株式会社三秀舎

発行所 101-0052東京都千代田区神田小川町3の24
電話 03-3291-7811（営業部）,7821（編集部）
http://www.hakusuisha.co.jp
株式会社 白水社
乱丁・落丁本は、送料小社負担にてお取り替えいたします。

振替 00190-5-33228
加瀬製本

ISBN4-560-02608-4
Printed in Japan

索　引

「アーリア化」　*18, 28, 81, 85, 100, 157, 159, 160, 163*
「アーリア人」　*17-23, 26*
アーレント (Hanna Arendt)　*103*
アイゼンスタット第一報告　*164*
アイゼンハウアー (Dwight D. Eisenhower)　*32, 51*
アインシュタイン (Albert Einstein)　*103*
アウアーバッハ (Philipp Auerbach)　*73, 77-80*
アウシュヴィッツ　*9, 14, 48, 73, 76, 77, 96, 100, 127, 135, 139, 173-175*
アダス・イスロエル　*149-151*
アデナウアー (Konrad Adenauer)　*25, 95, 104, 106, 107, 109, 113, 114*
アドルノ (Theodor W. Adorno)　*124*
アメリカ・ユダヤ人合同配分委員会（ジョイント）　*30, 31, 35, 58, 60, 61, 86, 90, 167*
イー・ゲー・ファルベン　*73, 76*
移行条約　*118*
医師団事件　*111*
移住法　*146*
イディッシュ語　*57, 72, 152*
ヴァイツマン (Ezer Weizman)　*171*
ヴァルザー (Martin Walser)　*169, 172-175, 177, 178, 181*
ヴァルトハイム (Kurt Waldheim)　*165*
ヴェルチュ (Robert Weltsch)　*64*
ヴォルハイム (Nobert Wollheim)　*72-74, 76, 77, 80*
「内なるゲットー」　*121, 134*
エアハルト (Ludwig Erhard)　*109*
欧州安全保障・協力機構 (OSCE)　*181*
オーバーレンダー (Theodor Oberländer)　*110*
恩赦法（刑免除法）　*105*
改革派　*71, 72, 147-149*
解放ユダヤ人中央委員会　*58, 61, 74, 75*
過去の克服　*128, 134, 136, 137, 145, 155, 156, 169, 174, 175, 177*
加盟領域におけるナチズムの被害者補償法　*158*
ガリンスキー (Heinz Galinski)　*80, 135-137, 150, 151, 170, 171, 178*

カントーロヴィチ（Alfred Kantorowicz） 48
キージンガー（Kurt Georg Kiesinger） 125
「記憶・責任・未来」（財団） 163, 175
帰還法 69
「基調となる文化」 156
キブツ（イスラエルの共同体） 130
「宮廷ユダヤ人」 126, 171
休眠口座 163, 165-167
「共和国亡命者」 159
キリスト教社会同盟 79, 106, 129
キリスト教民主同盟 106, 125, 129, 133, 181
「キンダー・トランスポート」 73
クレヅマー音楽 154
グロプケ（Hans Globke） 109
ゲシュタポ（秘密国家警察） 22, 23, 40, 42, 73, 77, 106
ゲットー 10, 21, 24, 67, 118, 162, 170, 172
ゲマインデ（信徒共同体） 10, 11, 39, 42-49, 60, 61, 65, 67, 68, 70-78, 86, 88-95, 106-112, 119, 122-125, 127, 129, 132-135, 137, 142-152, 155, 158, 161, 170, 180, 184
公正なる返還を求める全国連盟 100
コール（Helmut Kohl） 132, 160, 181
ゴールドハーゲン（Daniel Goldhagen） 169, 177
ゴルバチョフ（Михаил С. Горбачёв） 140
「混合婚」 19-22, 24-28, 39, 41, 45, 46, 71, 89, 98
ザクセンハウゼン 73
「残存全国連合」 41
シオニスト 33, 56, 57, 59, 64, 67, 68, 70, 78, 111, 119, 122, 123, 176
シオニズム 37, 59, 67, 83, 111, 131
シナゴーグ（ユダヤ教会堂） 16, 18, 71, 72, 87, 90, 93, 99, 101, 106, 112, 148, 150, 169, 181
シナゴーグ税 43
社会主義帝国党 107
社会主義統一党 111, 159
社会民主党 106, 125, 129
シャバット（安息日） 16, 149
自由民主党 133, 181
ジュネーヴ条約 141
シュプリンガー（Axel Springer） 131
シュレーダー（Gerhard Schröder） 156
親イスラエル 110, 130-131
人種主義 36, 44
「人種ユダヤ人」 45
親ユダヤ（主義） 103, 104, 124,

129, 136, 156, 174, 179, 181, 182
杉原千畝　66
スターリン（Иосиф Сталин）　111, 112
スランスキー（Rudolf Slánský）　111
「精神的放火犯」　177
正統派　57, 71, 72, 147-151
ゼーガース（Anna Sehgers）　48
ゼーリヒマン（Rafael Seligmann）　155
世界ユダヤ人会議　67, 117, 165, 176
ゼノフォビア（外国人嫌い）　169
ソビブル　14
ソ連占領地区ユダヤ人ゲマインデ連盟　48
第三次中東戦争（六日間戦争）　129
第三帝国　16, 18-20, 22, 23, 41, 82, 89, 97, 112, 113, 157, 179
対ドイツ物的損害請求会議　115, 117, 160, 161
第二条基金（苛酷緩和基金）　158
ダム（Hendrik van Dam）　75, 108, 126
ツヴァイク（Arnold Zweig）　48
デ・メジエール（Lothar de Maizière）　158
ディアスポラ（離散）　45, 68, 69, 119
DP（Displaced Person）　31-35, 50-53, 56-63, 70-72, 75, 119, 120, 122, 123
「帝国水晶の夜」　16, 106, 169, 174
ディシェレイト（Esther Dischereit）　155
ディナー（Dan Diner）　9
テレージエンシュタット　10, 21, 24, 25
「ドイツ・ユダヤ人」　10, 11, 13, 24-26, 31-35, 37, 39, 44, 48, 49, 60, 61, 70-72, 74, 75, 78, 81, 89, 91, 99, 118-120, 124, 172
ドイツ在住ユダヤ人全国連合　40-42, 88, 91, 93, 149
ドイツ在住ユダヤ人中央評議会　74-76, 108, 117, 124-127, 134, 137, 161, 170, 171, 182
ドイツ在住ユダヤ人中央福祉局　117
「ドイツに暮らすユダヤ人」　11, 39, 67, 74, 75, 124, 171, 183
統一ゲマインデ　147-151
統一条約　141
「同化ユダヤ人」　44, 61, 172
「同市民」　183
トーラー（ユダヤ教の律法）　17, 18
トルーマン（Harry S. Truman）　51
トレブリンカ　14, 170

ナショナリズム　*83, 102, 120, 125, 136, 140, 168*
ナチズム　*10, 16, 21, 34, 36, 64, 80, 97, 101, 103, 105, 109, 135, 136, 181*
ナチ党　*159, 160*
ナチの過去　*80, 107, 109, 128, 130, 139, 141, 145, 169*
ナハマン（Werner Nachmann）　*125-127, 134, 171*
「二分の一ユダヤ人」　*20, 44*
ニュルンベルク継続裁判　*76*
「ニュルンベルク法」　*26, 40*
ネオナチ　*107, 136, 168, 170, 171*
ノイエ・シナゴーグ　*152, 153*
ハイム（Stefan Heym）　*48*
ハガナ（地下軍事組織）　*59*
ハマス　*181*
ハリソン（Earl Harrison）　*51, 52*
バル・ミツヴァ（ユダヤ教徒の成人式）　*16*
反・反ユダヤ主義　*102, 136*
反イスラエル　*110, 112, 131, 181*
ハンガリー動乱　*112*
反共産主義　*131*
反ユダヤ主義　*60, 79, 80, 96, 98-104, 109, 112, 120, 124, 125, 131-134, 136, 140, 145, 148, 169-171, 175, 177, 178, 180-182*
被追放民　*97, 104, 105*
ビットブルク　*132, 134*
ヒトラー（Adolf Hitler）　*10, 11, 13, 16, 26, 30, 37, 45, 46, 77, 87, 97, 103, 104, 108, 120, 128, 130, 139, 165, 172, 179, 183*
非ナチ化　*105*
「131条執行法」　*105*
ビラー（Maxim Biller）　*155*
ファシズム　*35, 110, 111*
ファスビンダー（Rainer Werner Fassbinder）　*132-134, 170*
ファビアン（Hans Erich Fabian）　*49, 135*
フィンケルスタイン（Norman Finkelstein）　*176, 177*
ブーヒェンヴァルト　*14, 15, 77*
ブービス（Ignatz Bubis）　*133, 137, 169-172, 177, 178, 181, 183*
ブッシュ（George Bush）［父］　*160*
ブッシュ（George Bush）［子］　*182*
プラハの春　*112*
フランクフルト学派　*124*
ブリハー（脱出）　*56*
プリム（仮装祭）　*148*
ブローダー（Henryk Broder）　*154*
フロッセンビュルク　*14*
ブロッホ（Ernst Bloch）　*48*

ブロンフマン (Edgar Bronfman) *165*
ベウゼツ *14*
ペサハ (過越祭) *148*
ベック (Leo Baeck) *10, 24, 72*
ヘブライ語 *23, 119, 122, 152*
ベルゲン・ベルゼン *14, 15, 53, 132, 135*
返還法 *81, 83, 84, 88, 91, 100*
ホイス (Theodor Heuß) *125*
ポグロム (ユダヤ人虐殺) *30, 55*
ホルクハイマー (Max Horkheimer) *124*
ホロコースト *9-11, 29, 36, 37, 39, 50, 56, 59, 61, 67, 68, 80, 82-84, 86, 87, 90, 95-97, 100, 106, 115-118, 122, 127, 130, 134, 139, 145, 148, 151, 152, 155, 161-164, 166-169, 171, 174-177, 184*
ホロコースト追悼碑 *169*
マイヤー (Hans Mayer) *48*
マイヤー (Julius Meyer) *48, 111*
マウトハウゼン *73*
マックロイ (John McCloy) *102*
マルクス (Karl Marx) *66*
未解決の財産問題のための法律 (財産法) *160, 161*
「三日ユダヤ人」 *148*
ミュラー (Josef Müller) *79*
メルカー (Paul Merker) *111*
メレマン (Jürgen Mölleman) *181*
メンデルスゾーン (Moses Mendelssohn) *103, 152*
モサド *56*
モントルー決議 *67*
ユダヤ・ブーム *151, 156*
ユダヤ機関 *31, 69, 75, 86, 117*
ユダヤ教・キリスト教友好協会 *122*
「ユダヤ教徒のドイツ市民」 *72, 172, 178, 183*
ユダヤ人救援部隊 *31, 75*
ユダヤ人信託法人 *84, 86*
ユダヤ人信託法人フランス部門 *84, 86*
ユダヤ人DP *50-63, 67, 70, 71, 74, 75, 78, 79, 86, 90, 98, 99, 112, 122, 123*
ユダヤ人返還継承組織 *84-86, 91, 92*
ユダヤ博物館 *152*
ユダヤ文化 *103, 152, 154*
「ユダヤ文化週間」 *152*
ユダヤ民族基金 *122, 128, 183*
ヨム・キプール (贖罪日) *148*
「四七年グループ」 *173*
「四分の一ユダヤ人」 *20*
ラビ (ユダヤ教の律法学者) *10, 16, 17, 24, 33, 51, 64, 72, 148, 149*
リーゼンブルガー (Martin Riesenburger) *17, 18*

リーベスキンド (Daniel Libeskind) *152*
ルクセンブルク協定 *115, 116, 118, 129, 158*
ルスティヒ (Walter Lustig) *41, 42*
レーガン (Ronald Reagan) *132*
レッシング (Gotthold E. Lessing) *103*
連合国救済復興事業局 *32, 35, 58*
連邦議会 *100, 105, 106, 114, 129*
連邦被追放民法 *105*
連邦補充法 *118*
連邦補償法 *115, 118, 119, 157, 158, 161*
ローゼンベルク (Alfred Rosenberg) *85*
ロンドン債務会議 *113*

掲載図版出典一覧

写真1　アメリカ地区のユダヤ人DPキャンプ（United States Holocaust Memorial Museum, *Liberation 1945*, Washington, D. C. 1995, S. 96 [Bettmann Archiv, New York]）

写真2　ユダヤ人DPキャンプ内での裁判の様子（United States Holocaust Memorial Museum, *Liberation 1945*, Washington, D. C. 1995, S. 97 [Collection of Helen Tichauer, New York]）

写真3　ハインツ・ガリンスキー（Jüdisches Museum, *ZEDAKA*, Frankfurt am Main 1992, S. 371）

写真4　修復される前のノイエ・シナゴーグ（Günter Krawutschke, *Neue Synagoge Berlin*, Berlin 1995）

写真5　現在のノイエ・シナゴーグ（Bill Rebiger, *Das jüdische Berlin*, Berlin 2000, S. 75 [Günter Schneider]）

写真6　イグナツ・ブービス（Ignatz Bubis, *Juden in Deutschland*, Berlin 1996 [Hollemann, dpa]）

年　表

1945年 1月	アウシュヴィッツ絶滅収容所解放
1945年 4月	ブーヒェンヴァルト，ベルゲン・ベルゼン，ダッハウ等の強制収容所解放
1945年 5月	ドイツ無条件降伏
1945年 8月	ユダヤ人DPキャンプの現状についての「ハリソン報告」発表
1945年 9月	「連合軍管理理事会法律第一号」によりナチの差別法撤廃される
1945年11月	ニュルンベルク国際軍事裁判開廷
1946年 7月	キェルツェ・ポグロム
1947年11月	アメリカ地区とフランス地区で返還法施行，国連総会でパレスチナ分割案採択
1948年 5月	イスラエル建国
1948年 6月	世界ユダヤ人会議，モントルー大会でユダヤ人のドイツ定住反対を確認
1949年 5月	イギリス地区で返還法施行，ドイツ連邦共和国（西ドイツ）成立
1949年 7月	ハイデルベルクで「ドイツのユダヤ人のこれから」会議
1949年10月	ドイツ民主共和国（東ドイツ）成立
1950年 7月	ユダヤ機関，ドイツのユダヤ人に対し移住への最後通牒，「ドイツ在住ユダヤ人中央評議会」設立
1951年 3月	バイエルン州補償局長官アウアーバッハ逮捕
1951年 5月	「131条執行法」発効
1951年 9月	西ドイツ首相アデナウアー，連邦議会でユダヤ人補償に関する政府声明
1951年10月	「対ドイツ物的損害請求会議」設立
1952年 9月	ルクセンブルク協定調印
1952年11月	チェコスロヴァキアでスランスキー裁判，東欧で反ユ

ダヤ主義的政治迫害の気運高まる

1953年1月	東ドイツのユダヤ人，西ドイツへ脱出
1953年6月	ノーベルト・ヴォルハイム，イー・ゲー・ファルベンに対する裁判で勝訴
1953年9月	連邦補充法施行
1954年7月	連邦議会，第二の「恩赦法」を可決
1956年6月	連邦補償法施行
1957年2月	フェーレンヴァルトDPキャンプ閉鎖
1959年12月	ケルンのシナゴーグに鉤十字が落書きされる
1963〜65年	フランクフルトでアウシュヴィッツ裁判
1965年5月	西ドイツとイスラエルの国交成立
1967年6月	第三次中東戦争（六日間戦争）
1968年	学生運動最盛期
1979年1月	テレビシリーズ「ホロコースト」放映
1985年5月	コール西ドイツ首相とレーガン米大統領，ビットブルク墓地公式訪問
1985年10月	ファスビンダーの戯曲『ゴミ，都市そして死』の上演阻止
1986〜87年	歴史家論争
1988年1月	中央評議会会長ヴェルナー・ナハマン死去，ナハマンによる補償金横領発覚
1988年11月	西ドイツ大統領フィリップ・イェニンガー，「帝国水晶の夜」50周年記念演説で不適切な言葉を用いたとして辞職
1989年	ソ連のユダヤ人による東ドイツへの入国増加
1989年11月	「ベルリンの壁」開放
1990年9月	東ドイツ政府が「財産法」を施行し，ナチ時代に奪われたユダヤ人財産の返還開始
1990年10月	東西ドイツ統一
1991年1月	連邦政府，旧ソ連諸国からのユダヤ人移民受け入れ表明
1992年7月	中央評議会会長ハインツ・ガリンスキー死去，後任にイグナツ・ブービス就任

1992年	ロストックやメルンなど，ネオナチによる外国人襲撃，放火事件頻発
1994年 3 月	リューベックのシナゴーグが放火炎上
1995年 5 月	ベルリンのノイエ・シナゴーグ落成
1996年	ゴールドハーゲン論争
1996年10月	ニューヨークでスイスの商業銀行に対する集団訴訟提起，ユダヤ人財産の返還・補償を求める世界的な動きが生まれる
1997年	「国防軍の犯罪」展開催をめぐる論争
1998年 8 月	スイスの諸銀行に対する裁判の和解が成立
1998年10月	マルティン・ヴァルザーによる「平和賞」受賞記念講演，ヴァルザー＝ブービス論争開始
1998年12月	ハインツ・ガリンスキーの墓石爆破される
1999年 8 月	中央評議会会長イグナツ・ブービス死去，後任にパウル・シュピーゲル就任
2000年 8 月	強制労働の補償のための財団「記憶・責任・未来」設立
2001年 9 月	ニューヨークでテロ発生
2003年 1 月	ドイツ政府，中央評議会と「国家契約」を調印，これに年間300万ユーロの補助金支給を決定
2003年 3 月	イラク戦争開戦，ドイツでアメリカやイスラエルに対する批判強まる
2003年 6 月	中央評議会副会長ミシェル・フリートマン，コカイン使用容疑で逮捕
2005年 1 月	国連事務総長，総会でナチ強制収容所の解放60周年記念演説，アウシュヴィッツ絶滅収容所跡地で各国首脳が参加する解放記念式典開催
2005年 5 月	ベルリンで「殺害されたヨーロッパ・ユダヤ人追悼碑」落成

ブックガイド

（邦語文献のみ雑誌論文を含む）

◇1945年以前のドイツ・ユダヤ史
（ホロコーストに関するものは本シリーズ第Ⅰ巻，石田勇治『20世紀ドイツ史』を参照）
大澤武男『ユダヤ人とドイツ』（講談社，1991）
野村真理『西欧とユダヤのはざま―近代ドイツ・ユダヤ人問題―』（南窓社，1992）
山下肇『ドイツ・ユダヤ精神史　ゲットーからヨーロッパへ』（講談社，1995）
Herzig, Arno, *Jüdische Geschichte in Deutschland: Von den Anfägen bis zur Gegenwart*, München: C. H. Beck 1997.
Meyer, Michael A. (Hg.), *Deutsch-jüdische Geschichte in der Neuzeit*, Bd. I-IV, München: C. H. Beck 1996-1997.

◇1945年以降のドイツ・ユダヤ史
武井彩佳「移民社会としての戦後ドイツ・ユダヤ人社会」『ユダヤ・イスラエル研究』第17号（1999）
Bodemann, Michal, *Gedächtnistheater: Die Jüdische Gemeinschaft und ihre deutsche Erfindung*, Hamburg: Rotbuch 1996.
Brenner, Michael, *Nach dem Holocaust: Juden in Deutschland 1945-1950*, München: C. H. Beck 1995.
Brumlik, Micha, et al., *Jüdisches Leben in Deutschland seit 1945*, Frankfurt a. M.: Athenäum 1986.
Burgauer, Erica, *Zwischen Erinnerung und Verdrängung: Juden in Deutschland nach 1945*, Hamburg: Rowohlt 1993.
Gay, Ruth, *Safe Among the Germans: Liberated Jews After World War II*, New Haven: Yale University Press 2002.
Geis, Jael, *Übrig sein—Leben "danach"*, Berlin: Philo 1999.
Geller, Jay Howard, *Jews in Post-Holocaust Germany, 1945-1953,* New York: Cambridge University Press 2005.

Ginzel, Günther B., *Der Anfang nach dem Ende: Jüdisches Leben in Deutschland 1945 bis heute*, Düsseldorf: Droste 1996.
Maòr, Harry, *Über den Wiederaufbau der jüdischen Gemeinden in Deutschland seit 1945*, Diss. Mainz, 1961.
Schoeps, Julius H. (Hg.), *Leben im Land der Täter: Juden im Nachkriegsdeutschland (1945-1952)*, Berlin: Jüdische Verlagsanstalt 2001.

◇個別ゲマインデの再建

Galinski, Heinz/Andreas Nachama/Julius H. Schoeps (Hg.), *Aufbau nach dem Untergang: Deutsch-jüdische Geschichte nach 1945*, Berlin: Argon 1992.
Ginzel, Günther B./Sonja Güntner (Hg.), *Zu Hause in Köln: Jüdisches Leben 1945 bis heute*, Köln: Böhlau 1998.
Heuberger, Georg (Hg.), *Wer ein Haus baut, will bleiben: 50 Jahre Jüdische Gemeinde Frankfurt am Main*, Frankfurt a. M.: Societäts 1998.
Lorenz, Ina S., *Gehen oder Bleiben: Neuanfang der jüdischen Gemeinde in Hamburg nach 1945*, Hamburg: Landeszentrale für politische Bildung 2002.
Quast, Anke, *Jüdische Gemeinden in Niedersachsen seit 1945—das Beispiel Hannover*, Göttingen: Wallstein 2001.
Strathmann, Donate, *Auswandern oder Hierbleiben ?: Jüdisches Leben in Düsseldorf und Nordrhein 1945-1960*, Essen: Klartext 2003.

◇ユダヤ人のアイデンティティ，ドイツ人との関係

Broder, Henryk M./Michel R. Lang, *Fremd im eigenen Land: Juden in der Bundesrepublik*, Frankfurt a. M.: Fischer 1979.
Brumlik, Micha, *Kein Weg als Deutscher und Jude: eine bundesrepublikanische Erfahrung*, München: Lichterhand 1996.
Bubis, Ignatz, *Juden in Deutschland*, Berlin: Aufbau 1996.
Heenen-Wolff, Susann, *Im Haus des Henkers: Gespräche in*

Deutschland, Frankfurt a. M.: Dvorah 1992.
Rapaport, Lynn, *Jews in Germany after the Holocaust: Memory, Identity, and Jewish-German Relations*, Cambridge: Cambridge University Press 1997.
Schneider, Richard Chaim (Hg.), *Wir sind da !: Die Geschichte der Juden in Deutschland von 1945 bis heute*, Berlin: Ulstein 2000.

◇ユダヤ人 DP
Bauer, Yehuda, *Out of the Ashes: The Impact of American Jews on Post-Holocaust European Jewry*, Oxford: Pergamon 1989.
Königseder, Angelika, *Flucht nach Berlin: Jüdische Displaced Persons 1945-1948*, Berlin: Metropol 1998.
Königseder, Angelika/Juliane Wetzel, *Lebensmut im Wartesaal: Die jüdischen DPs* (*Displaced Persons*) *im Nachkriegsdeutschland*, Frankfurt a. M.: Fischer 1994.
Fritz Bauer Institut (Hg.), *Überlebt und Unterwegs: Jüdische Displaced Persons im Nachkriegsdeutschland*, Frankfurt a. M.: Campus 1997.
Lavsky, Hagit, *New Beginnings: Holocaust Survivors in Bergen-Belsen and the British Zone in Germany 1945-1950*, Detroit: Wayne State University Press 2002.
Mankowitz, Zeev W., *Life between Memory and Hope: The Survivors of the Holocaust in Occupied Germany*, Cambridge: Cambridge University Press 2002.
Wetzel, Juliane, *Jüdisches Leben in München: 1945-1952*, Diss. München, 1990.

◇返還・補償問題全般
ベンジャミン・B・フェレンツ『奴隷以下　ドイツ企業の戦後責任』(住岡良明・凱風社編集部共訳，凱風社，1993)
佐藤健生「ドイツの戦後補償に学ぶ (1)～(13)」『法学セミナー』(1992 年 11 月号～1993 年 12 月号)
武井彩佳「戦後ドイツにおける相続人不在のユダヤ人財産の返還」

『ユダヤ・イスラエル研究』第19号 (2003)
武井彩佳「戦後ヨーロッパの相続人なきユダヤ人財産　90年代の返還問題の起源とドイツのユダヤ人継承組織 (JRSO)」『史観』第151冊 (2004)
山中敬一「ナチの『不正と犯罪』の戦後処理 (8)」『関西大学法学論集』第42巻6号 (1993)

Brodesser, Hermann-Josef, et al., *Wiedergutmachung und Kriegsfolgenliquidation: Geschichte-Regelung-Zahlungen*, München: C. H. Beck 2000.

Bundesminister der Finanzen in Zusammenarbeit mit Walter Schwartz (Hg.), *Die Wiedergutmachung nationalsozialistischen Unrechts durch die Bundesrepublik Deutschland*. Bd. I: Walter Schwartz, *Rückerstattung nach den Gesetzen der Alliierten Mächte*, München: C. H. Beck 1974; Bd. II: Friedrich Biella et al. *Das Bundesrückerstattungsgesetz*, München: C. H. Beck 1981. Bd. III: Ernst Feaux de La Croix et al. *Der Werdegang des Entschädigungsrechts unter national- und volkerrechtlichem und politologischem Aspekt*, München: C. H. Beck 1985. Bd. IV: *Das Bundesentschädigungsgesetz*, München 1983. Bd. V. Hugo Finke et al. *Entschädigungsverfahren und sondergesetzliche Entschädigungsregelungen*, München: C. H. Beck 1987.

Goschler, Constantin, *Schuld und Schulden: Die Politik der Wiedergutmachung für NS-Verfolgte seit 1945*, Göttingen: Wallstein 2005.

Goschler, Constantin, *Wiedergutmachung: Westdeutschland und die Verfolgten des Nazionalsozialismus (1945-1954)*, München: Oldenbourg 1992.

Goschler, Constantin/Jürgen Lillteicher (Hg.), *„Arisierung“ und Restitution: Die Rückerstattung jüdischen Eigentums in Deutschland und Österreich nach 1945 und 1989*, Göttingen: Wallstein 2002.

Herbst, Ludolf/Constantin Goschler (Hg.), *Wiedergutmachung in der Bundesrepublik Deutschland*, München: Oldenbourg 1989.

Sagi, Nana, *German Reparations: A History of Negotiations*, Jerusalem: Magness 1986.
Takei, Ayaka, *The Jewish People as the Heir: The Jewish Successor Organizations (JRSO, JTC, French Branch) and the Postwar Jewish Communities in Germany*, Diss. Waseda University Tokyo, 2004.
Zweig, Ronald, *German Reparations and the Jewish World: A History of the Claims Conference*. 2d ed., London and Portland, OR: Frank Cass 2001.

◇ドイツ統一後の返還・補償問題

佐藤健生「ドイツ強制労働補償財団の現状と今後の課題」『外国の立法』第210号（2001）
矢野久「ドイツ『記憶・責任・未来』基金の設立とその歴史的意義」『季刊　戦争責任研究』第30号（2000年秋季号）
Bazyler, Michael J., *Holocaust Justice: The Battle for Restitution in America's Courts*, New York: New York University Press 2003.
Beker, Avi (Hg.), *The Plunder of Jewish Property During the Holocaust: Confronting European History*, New York: New York University Press 2001.
Eizenstat, Stuart E., *Imperfect Justice: Looted Assets, Slave Labor, and the Unfinished Business of World War II*, New York: Public Affairs 2003.
Graf, Hans-Jörg, *Rückgabe von Vermögenswerten an Verfolgten des nationalsozialistischen Regimes im Beitrittsgebiet: Eine Untersuchung zur entsprechenden Anwendung westalliierten Rückerstattungsrechts im Beitrittsgebiet aufgrund rechtsvergleichender Ergebnisse zwischen dem US-Rückerstattungsgesetz und dem Vermögensgesetz*, Berlin: Berlin Verlag 1999.
Spiliotis, Susanne-Sophia, *Verantwortung und Rechtsfrieden: Die Stiftungsinitiative der deutschen Wirtschaft*, Frankfurt a. M.: Fischer 2003.

◇対イスラエル関係

M・ヴォルフゾーン『ホロコーストの罪と罰　ドイツ・イスラエル関係史』(雪山伸一訳, 講談社, 1995)

Hansen, Niels, *Aus dem Schatten der Katastrophe: Die deutsch-israelische Beziehungen in der Ära Konrad Adenauer und David Ben Gurion*, Düsseldorf: Droste 2002.

Jelinek, A. Yeshayahu, *Deutschland und Israel 1945–1965: Ein neurotisches Verhältnis*, München: Oldenbourg 2004.

Kloke, Martin W., *Israel und die deutsche Linke: Zur Geschichte eines schwierigen Verhältnisses*, Frankfurt a. M.: Haag und Herchen 1994.

Segev, Tom, *The Seventh Million: The Israelis and the Holocaust*, New York: Owl Books 1991.

◇反ユダヤ主義

Benz, Wolfgang, *Was ist Antisemitismus ?*, München: C. H. Beck 2004.

Benz, Wolfgang (Hg.), *Zwischen Antisemitismus und Philosemitismus: Juden in der Bundesrepublik*, Berlin: Metropol 1991.

Bergmann, Werner, *Geschichte des Antisemitismus*, München: C. H. Beck 2002.

Bergmann, Werner/Rainer Erb (Hg.), *Antisemitismus in der politischen Kultur nach 1945*, Opladen: VS Verlag für Sozialwissenschaften 1990.

Rensmann, Lars, *Demokratie und Judenbild: Antisemitismus in der politischen Kultur der Bundesrepublik Deutschland*, Wiesbaden: VS Verlag für Sozialwissenschaften 2004.

Stern, Frank, *Im Anfang war Auschwitz: Antisemitismus und Philosemitismus im deutschen Nachkrieg*, Gerlingen: Bleicher 1991.

◇東ドイツのユダヤ人

Keßler, Mario, *Die SED und die Juden: zwischen Repression und*

Toleranz, Berlin：Akademie 1995.
Offenberg, Ulrike, *›Seid vorsichtig gegen die Machthaber‹: Die jüdischen Gemeinden in der SBZ und der DDR 1945 bis 1990*, Berlin: Aufbau 1998.
Ostow, Robin, *Jüdisches Leben in der DDR*, Frankfurt a. M.: Athenäum 1988.
Timm, Angelika, *Hammer, Zirkel, Davidstern: Das gestörte Verhältnis der DDR zu Zionismus und Staat Israel*, Bonn: Bouvier 1997.
Zuckermann, Mosche, *Zwischen Politik und Kultur: Juden in der DDR*, Göttingen: Wallstein 2002.

◇「過去の克服」
石田勇治『過去の克服　ヒトラー後のドイツ』（白水社，2002）
粟屋憲太郎ほか『戦争責任・戦後責任　日本とドイツはどう違うか』（朝日新聞社，1994）
W・ベルクマンほか『「負の遺産」との取り組み　オーストリア・東西ドイツの戦後比較』（岡田浩平訳，三元社，1999）
望田幸男『ナチスの国の過去と現在　ドイツの鏡に映る日本』（新日本出版社，2004）
Brumlik, Micha / Hajo Funke / Lars Rensmann, *Umkämpftes Vergessen: Walser-Debatte, Holocaust-Mahnmal und neuere deutsche Geschichtspolitik*, Berlin: Hans Schiler 2004.
Cullen, Michael S. (Hg.), *Das Holocaust-Mahnmal: Dokumentation einer Debatte*, Zürich: Pendo 1999.
Frei, Norbert, *Vergangenheitspolitik: Die Anfänge der Bundesrepublik und die NS-Vergangenheit*, München: C. H. Beck 1996.
Frei, Norbert (Hg.), *Hitlers Eliten nach 1945*, München: Dtv 2003.
Herf, Jeffrey, *Divided Momory: The Nazi Past in the two Germanys*, Cambridge, Mass.: Harvard University Press 1997.
Reichel, Peter, *Vergangenheitsbewältigung in Deutschland: Die Auseinandersetzung mit der NS-Diktatur von 1945 bis heute*, München C. H. Beck 2001.